Nuestra Lengua

Cuaderno de Gramática Redacción y Cultura para Hispanohablantes

Ana Maria Afzali, Ph.D.

ACKNOWLEDGMENTS

This book would not have been published without the support of many colleagues and friends. I would like to show my most sincere appreciation to the Board of Trustees at Citrus College for granting me a semester of sabbatical in 2002.

To Deans Samuel Lee and James Williams for their words of encouragement and support of this project from its inception.

I am grateful for the incessant support and guidance of Jose Luis Couceiro from University of Santiago de Compostela in Spain.

I would also like to extend my gratitude to my friends and colleagues Tina McDermott, Jennifer Garson, Gerhard Peters, Anna McGarry, Celia Simón Ross, Michael Hurtado, Stacey Jazán, Dale Salwalk, Roya Mavadat, Erick Nightingale, Andrew Kim and Jerry Newell for their motivation and words of encouragement.

I am especially indebted to my parents, Frank and Yolanda Kinnelly, who have always been there through the writing of this book. Their support has meant the world to me.

Last but not least, I would like to dedicate this book to my dear son Jonathan, never ending source of strength, joy, and inspiration.

ABOUT THE AUTHOR

*A*na María Afzali is a professor of Spanish Language, Literature and History at Citrus College in California.

With the second edition of her book <u>Nuestra Lengua: Cuaderno de Gramática Redacción y Cultura Para Hispanohablantes</u>, she brings over 20 years of experience in the teaching of Spanish for heritage speakers. Doctor Afzali graduated with a degree in Education from University of Maryland, College Park. She completed her graduate studies in Spanish Languages and Literature at the University of California, Los Angeles, where she earned her doctorate in 1999. She also has an academic and professional background in Business Administration.

Professor Afzali is the recipient of the Del Amo Fellowship for her research in Medieval Literature in Spain in 1995.

Her Doctoral Dissertation, <u>Form and meaning of the „Siervo Libre de Amor de Juan Rodríguez del Padrón o de la Cámara'</u> is recognized as an important contribution to the research of /V century Spanish Medieval Literature in general and to the study of Sentimental Novel in the Iberian Peninsula specifically.

Other titles published by the author include:

"Modern Spain" / anaedu Publishing, Los Angeles, 2009

"El Didactismo en Juan Rodríguez del Padrón: Una Nueva Lectura del 'Siervo

Libre de Amor.'" Published in <u>Spain's Literary Legacy.</u> University Press of the South, New Orleans, 2005.

<u>La Sierra del Arcipreste de Hita.</u> Published in the magazine <u>Campo Abierto.</u> Barcelona, Spain, 1994.

<u>Federico García Lorca y la Revelación de la Ropa en su Producción Teatral.</u> Published in the magazine Mester, Los Angeles, 1994.

<u>Review of 'La Celestina.'</u> Published in the magazine <u>Celestinesca,</u> Los Angeles, 1992.

Upon joining Citrus College as a full time Tenured professor, Dr. Afzali pioneered the creation of two courses of Spanish for Heritage Speakers and has been helping native Spanish speakers from around the world to improve their writing and language skills in a fun and easy to understand manner.

Her innovative methodology, her extensive knowledge about Spanish history, culture and grammar, and her years of experience in the field of teaching constitute indispensable ingredients for the success of her latest publication of <u>"Nuestra Lengua: Cuaderno de Gramática, Redacción y Cultura Para Hispanohablantes."</u>

SOBRE LA AUTORA

*A*na María Afzali es profesora de Español, Literatura e Historia en Citrus College en California. Con la segunda edición de su libro:

Nuestra Lengua: Cuaderno de <u>Gramática, Redacción y Cultura para Hispanohablantes</u> trae más de 20 años de experiencia en la enseñanza del español. La doctora Afzali se licenció de Magisterio en la Universidad de Maryland en College Park. Completó sus estudios graduados en lengua y literatura españolas en la Universidad de California en Los Ángeles, donde le fue otorgado el doctorado en 1999. También ha realizado estudios y ejercido en el ámbito empresarial.

La profesora Afzali fue la ganadora de la beca Del Amo en 1995 para su trabajo de investigación en Literatura Medieval en España.

Su tesis doctoral <u>Forma y Sentido del „Siervo Libre de Amor de Juan Rodríguez del</u>

Padrón o de la Cámara" es hoy reconocida como una importante aportación a la investigación de la Literatura Medieval española del siglo /V en general y al estudio del inicio de la Novela Sentimental en la Península Ibérica específicamente.

Otros títulos publicados por la autora incluyen:

"Modern Spain" /anaedu Publishing, Los Ángeles, 2009.

"El Didactismo en Juan Rodríguez del Padrón: Una Nueva Lectura del Siervo Libre de Amor." Publicada en Spain"s Literary Legacy, University Press of the South, New Orleans, 2005.

La Sierra del Arcipreste de Hita, publicada en la revista Campo Abierto, Barcelona, España 1994.

Federico García Lorca y la Revelación de la Ropa en su Producción Teatral. Publicada en la revista Mester, Los Ángeles, 1994.

Reseña de „La Celestina." Publicada en la revista Celestinesca, Los Ángeles, 1992. Tras unirse al grupo de catedráticos de Citrus College, la doctora Afzali fue pionera en la creación de dos cursos de español para hispanohablantes y ha estado ayudando a estudiantes del mundo entero a mejorar su redacción y lenguaje de una forma entretenida y fácil de entender.

Su innovadora metodología, sus conocimientos extensos sobre la gramática, historia y cultura hispanas y sus años de experiencia en el campo de la enseñanza constituyen ingredientes indispensables para el éxito de su publicación Nuestra Lengua: Cuaderno de Gramática, Redacción y Cultura para Hispanohablantes.

SOBRE EL TEXTO

Nuestra Lengua: Cuaderno de Gramática, Redacción y Cultura para Hispanohablantes es un libro de texto cuya meta es la de dar al estudiante una sólida base en su lengua en siete áreas esenciales:

Gramática

Ortografía

Composición escrita

Cultura

Vocabulario

Compresión de lectura

Discurso formal

El texto ha sido concebido, específicamente, para estudiantes hispanohablantes educados en los Estados Unidos que desean mejorar su gramática, redacción y habilidad de hablar la lengua formalmente.

Cada capítulo comienza con un artículo de valor sociocultural en el mundo latinoamericano. Por supuesto, es prácticamente imposible cubrir todo el espectro hispano en un curso de lengua. Sin embargo, sí que hemos intentado elegir temas de interés especial para el estudiante. La mayoría de los capítulos contienen biografías de personajes hispanos de diferentes países que han impactado, de una forma u otra, nuestra historia.

La lectura aparece siempre con algunas palabras subrayadas cuyo significado es probablemente desconocido para el estudiante. En los ejercicios de comprensión de lectura el alumno tendrá que buscar los términos en el diccionario, escribir su significado y utilizarlos en un nuevo contexto. Este ejercicio dará, por un lado, práctica al estudiante con el manejo del diccionario español/inglés y/o español/español, y por el otro enriquecerá su vocabulario. Los ejercicios de comprensión de lectura constituyen, en primer lugar, una herramienta clave para comprobar que el alumno comprendió el texto, y como ayuda para recordar lo que se ha leído.

Continúa el capítulo con una sección de gramática. Según se van estudiando los diferentes puntos, el estudiante podrá comprobar su entendimiento de los mismos a- través de los ejercicios que aparecen en cada sección. Las lecciones gramaticales han sido cuidadosamente seleccionadas y organizadas en un orden lógico que ayudará al alumno a adquirir una comprensión general del esquema gramatical español.

La sección gramatical va seguida de la de ortografía. Aquí se estudian los aspectos ortográficos más relevantes y que afectan con más frecuencia a los estudiantes bilingües en los Estados Unidos. También aquí encontrará el alumno una gran variedad de ejercicios que le ayudarán a asegurarse del correcto entendimiento del material aprendido.

La mayoría de los capítulos incluyen la sección "Más allá", en la que el estudiante tiene la oportunidad de adquirir información adicional sobre la lectura inicial del capítulo y de escribir una composición que le ayudará a desarrollar su habilidad de redacción.

Los refranes que aparecen en cada capítulo fueron incluidos para promover la discusión oral entre los alumnos, el uso del español escrito y la adquisición de conocimientos folclóricos hispanos.

Se concluye, cada capítulo, con una sección de vocabulario en la que se le pide al alumno que busque un número determinado de palabras del capítulo, cuyo significado desconoce, en el diccionario. Lo que se intenta con esto es que el estudiante juegue un papel activo en el enriquecimiento de su lengua prestando especial atención a los vocablos que desconoce acostumbrándose así a hacer consultas siempre que sea necesario.

Los ejercicios de repaso al final de cada capítulo proveen una herramienta adicional para que el estudiante pueda comprobar los conocimientos adquiridos. Las respuestas a dichos ejercicios aparecen en el índice al final del libro.

El texto comienza con un capítulo introductorio al principio y otro de conclusión. Éste último, ofrece los conocimientos lingüísticos básicos necesarios para desenvolverse con soltura en el mundo hispano de los negocios.

"Nuestra Lengua" provee al estudiante, en conclusión, con un curso de estudios que le enriquecerá con los conocimientos de su lengua y cultura de una forma entretenida, fácil de seguir y lógica.

ABOUT THE BOOK

N̲uestra Lengua: Cuaderno de Gramática, Redacción y Cultura para H̲ispanohablantes is a textbook which aims to giving students a solid base in Spanish in seven basic areas:

Grammar Spelling

Written composition Culture

Vocabulary

Reading comprehension Oral formal skills

The book has been specifically conceived for Spanish speakers educated in the United States who wish to improve their grammar and their writing and oral formal skills.

Each chapter begins with an article of sociocultural value in the Latinoamerican world. Of course, it is practically impossible to cover the entire Hispanic spectrum in a language course. We have tried, however, to choose topics of special interest to students.

The majority of the chapters contain biographies of Hispanic figures from different countries who have impacted, one way or another our history.

The readings include some underlined words which pose common problems for all heritage speakers. The reading comprehension exercises provide an aid to students for learning the meaning of new words and develop their skills in using Spanish/English dictionaries. The exercises that follow each chapter constitute a tool to test student"s understanding of the articles and serves as a study guide.

Each chapter continues with a grammar section. The order in which these have been arranged throughout the book has been carefully chosen and organized in a logical pattern that will help students to learn and understand the Spanish grammatical system.

Grammar sections are followed by a series of spelling rules. Each set was chosen for its relevance in written problems shown by bilingual students in the U.S. Here too will students find a variety of exercises that will check for understanding and provide abundant practice.

The majority of the chapters include a section called "más allá" in which students have the opportunity to learn additional information about the initial reading in the chapter and to develop their written skills.

The Spanish riddles that appear at the end of each chapter were added to promote oral discussions among students as well as the use of oral formal Spanish.

The review exercises that finish each chapter provide a tool for students to measure their learning outcomes. The answers are provided in the index section at the end of the text.

The book begins with an introductory chapter and concludes with a section devoted to Spanish in the business world. Here students develop valuable skills to learn how to write a resume, business corresponcence, etc.

"Nuestra Lengua" offers students a text that will enrich them with the knowledge of the Spanish language and culture in an entertaining, engaging and easy to understand manner.

ÍNDICE DE MATERIAS

CAPÍTULO INTRODUCTORIO

EL HISPANOHABLANTE DE HOY

La lengua es, sin duda, la que despierta en todos, y a desde una edad muy temprana, nuestros valores espirituales, morales y culturales. A través de ella, y desde el momento que comenzamos a adquirirla se inicia la comunicación con nuestros padres, la cual formará los cimientos (*) sobre los que se construirán nuestros valores familiares. La tradición y la historia de nuestros antepasados nos ayudan a definirnos como individuos. Sin la lengua, esta transmisión esencial en nuestra formación cívica resultaría imposible.

La cultura y la lengua forman una estrecha relación simbiótica; no puede existir la una sin la otra. Veamos por ejemplo la diferencia entre el uso del pronombre "usted" y "tú". En una clase de español elemental, los estudiantes aprenden que en la cultura hispana uno utiliza el pronombre "tú" para dirigirse a un amigo o a un pariente, y "usted" para hablar con una persona a la que conocemos poco, o de alto rango social, político o espiritual. Observamos pues que ya desde una lección básica de la lengua e l estudiante aprende elementos fundamentales sobre la cultura y los valores del mundo hispano. No podemos entender el uso de estas dos palabras (**tú** y **usted**) sin entender su contexto cultural.

Cabe notar que cuando desaparece la lengua, desapare cen también todos nuestros valores, haciendo que nos sumerjamos en una crisis espiritual de ingentes proporciones. Éste es precisamente el caso de los hispanos en los Estados Unidos. Cuando éstos dejan de utilizar su lengua, el inglés sobrepone e implanta una nueva serie de valores que carecen de la historia, de la cultura y de la esencia que han fortalecido a los hispanos durante siglos.

Alrededor de la década de los cincuenta comenzó una etapa en la que las familias hispanas se sintieron discriminadas e injustamente <u>marginadas</u> en los Estados Unidos. El <u>estigma</u> que conllevaba el ser hispano hizo que los padres de familia dejaran de hablar el español con sus hijos, de celebrar las fiestas tradicionales de sus países y de transmitir con orgullo la historia de sus pueblos y de sus antepasados. Fue precisamente esa etapa de decadencia para la sociedad hispanoamericana la que trajo consigo una crisis de carácter lingüístico, social, económico y cultural.

En el campo político, por ejemplo, y hasta mediados de la década de los 60, el gobierno estadounidense impuso una tasa electoral a todo aquel que deseara votar. Este impuesto fue creado estrictamente para alejar a los hispanoamericanos, a los afroamericanos y a otras minorías del escenario sociopolítico.

Desde aquellos tiempos de racismo y abusos sociales, Estados Unidos ha florecido como sociedad abierta y justa gracias a los esfuerzos de, entre otros, Martín Luther King, César Chávez, Reyes López Tijerina y Rigoberta Menchú. De hecho, durante la década de los 60 cuatro México-americanos ganaron elecciones que los situaron en un puesto de liderazgo sociopolítico sin precedentes. En la casa de los representantes fueron elegidos: Eligio de la Garza y Henry González de Texas y Edward Roybal de California. En el Senado, ganó las elecciones, Joseph Montoya de Nuevo México. A consecuencia de estos triunfos políticos, en 1965, El Congreso de los Estados Unidos eliminó permanentemente el impuesto electoral.

Los diversos grupos étnicos han decidido, en algunos casos por primera vez en la historia, recuperar su orgullo cultural, religioso y lingüístico. Los latinos se encuentran por primera vez desde principios del siglo pasado, en un momento de nacionalismo vivo que les invita a <u>deleitarse</u> en el placer de volver a implementar sus valores familiares y culturales. En la última década Estados Unidos ha sido testigo de un renacimiento sociolingüístico que continúa hoy ganando momento.

Con gran orgullo hablan hoy los padres a sus hijos en español en nuestras ciudades, reintroducen una cultura que, durante años, se asumió en un triste estado de <u>hibernación</u> y celebran la diversidad de sus diferencias culturales.

La juventud latina goza, hoy, de personalidades hispanoamericanas que la inspira y enorgullece de su herencia cultural. En el mundo artístico, por ejemplo, podemos mencionar, entre otros, a Diego Ribera, y más recientemente a Gloria Estefan, Penélope

Cruz y Pedro Almodóvar. En el mundo literario, Gabriel García Márquez y Camilo José Cela. En el campo político nos viene a la mente el nombre del senador de Florida (de origen cubano) Díaz Balar, el del ex-teniente del gobernador en California (de origen mexicano) Cruz Bustamante y, cómo no, el de Bill Richardson, el único gobernador hispano de los Estados Unidos y el primero en ser elegido en Nuevo México; estado en el que el 42% de la población es hispana. Todos ellos triunfantes, de un modo u otro, en la conquista del sueño americano.

A raíz de esta "reaparición" del orgullo sociolingüístico, los grupos latinoamericanos más destacados de nuestro país, desde los cubanos de Florida y los puertorriqueños de Nueva York hasta los mexicanos de Texas y California, han decidido revivir su lengua. En muchos casos esto ha supuesto un regreso a su estudio en nuestras escuelas y universidades.

La población latinoamericana continúa creciendo en nuestro país. De acuerdo con la documentación publicada en 1999 por la Cámara de Co mercio del Censo de los Estados Unidos (1), la población nacional hispana, en nuest ro país, suma una totalidad de más de 30 millones. Los hispanos representan, por lo tanto, el grupo étnico con mayor crecimiento demográfico en nuestro país (2) -nada menos que el 13% de la población total de la nación-. De este crecimiento, cabe notar, por ejemplo, que el mayor porcentaje de hispanos reside en California. Este estado tenía, ya en el año 200 0, el 31% de la población hispana del país seguido por Texas con un 19%. En algunas de nuestras ciudades, la gran mayoría de sus habitantes son de habla hispana. La Cámara de Comer cio estimó, por ejemplo, que en el este de Los Ángeles, el porcentaje de hispanoparlantes se eleva al 97%, en Loredo, Texas, a un 94% y en Hialeah, Florida, a un 90% por menciona r algunas.

Estas estadísticas continúan creciendo paulatinamente. En el estado de California, por ejemplo, se estima que para el año 2015, las dos terceras partes de la población estará compuesta por hispano hablantes. El número de programas de enseñanza de español, tanto para nativos como para no nativos, se ha triplicado en la última década para satisfacer la demanda del cuerpo estudiantil que encuentra esenci al el conocimiento del español para tener éxito en sus carreras, las cuales vienen a enriquecerse notablemente por el hecho de que el estudiante sea bilingüe, pero que se enriquec e mucho más aún si puede usarlo a nivel académico y/o formal.

No es difícil encontrar en los Estados Unidos, a personas de habla hispana. Sus conocimientos lingüísticos evidencian, sin embargo, una ancha gama de habilidades orales y escritas. El hispanoamericano de hoy comprende perfectamente que no es suficiente "chapurrear" el español; que si realmente desea tener éxito en su carrera y apoyarse en los conocimientos de su lengua y cultura hispanas, ha de ir más allá d e lo adquirido durante su infancia y ha de tomar los cursos pertinentes que le permitan poner en práctica los aspectos gramaticales estudiados para la redacción y la comprensión de lectura.

Las oportunidades profesionales son cada vez más amplias para aquellos que "re-conquistan" su lengua pudiendo aspirar a puestos en el campo de la enseñanza, de los medios de comunicación, del gobierno, de la banca internacional, de las empresas privadas etc. De hecho, la Cámara de Comercio del Censo declaró en su informe publicado al comenzar el milenio, que el número de negocios con dueños hispanos se eleva a 1,2 millones, dando éstos trabajo a 1,3 millones de ciudadanos y generando unos ingresos de más de 186,2 billones de dólares anuales.

Con lo dicho cabe concluir que nos hallamos ante un momento histórico en el que la población latina continúa creciendo no sólo demográficamente, sino en cuanto a la importancia en el papel que desempeña en el desarro llo y prosperidad estadounidenses. Es pues éste un momento crucial en el que el estudiant e hispanohablante debe tomar las riendas de su educación y formar parte, con el orgullo que su historia y su tradición le proporcionan, de la dinámica que continúa elevando el estatus del hispano en nuestro país.

- (*) Las palabras subrayadas en las lecturas de este texto aparecerán siempre en ejercicios posteriores. Por lo tanto el estudiante debe prestar especial atención a su significado y uso.
- Los datos estadísticos demográficos de este artículo han sido tomados del informe publicado por la Cámara de Comercio del Censo de Los Estados Unidos. Para obtener ésta o más información sobre el tema véase www.census.gov.
- Los mexicanos comprenden el 59% de la población hispana en los Estados Unidos.

Censo de 2000: los 10 estados más importantes por su porcentaje de hispanos

Estado	Porcentaje
California	31%
Texas	18%
Nueva York	8,1%
Florida	7,6%
Illinois	4,3%
Arizona	3,7%
Nueva Jersey	3,2%
Nuevo México	2,2%
Colorado	2,1%
Washington	1,3

VOCABULARIO.

La lectura frecuente de textos en español, es una de las fuentes más importantes y más disponibles a la hora de mejorar el idioma, tanto en su forma escrita como oral. Si bien en este curso, usted tendrá amplia oportunidad de leer textos muy variados, se le aconseja que expanda esa lectura lo más posible durante el curso y que continúe con ella una vez finalizados sus estudios.

A la hora de incrementar y mejorar su vocabulario, es esencial que se encuentre cómodo con el manejo del diccionario y que se acostumbre a usarlo con frecuencia. Durante cualquiera de sus lecturas tenga siempre su diccionario a mano y utilícelo siempre que tenga dudas sobre el significado de cualquier término. Consúltelo también a la hora de escribir siempre que surjan dudas ortográficas o de significado.

Busque en su diccionario el significado de los siguientes términos, escríbalo, y componga después una frase que contenga dicha palabra.

Cimientos

_____

_____

Cívico

_____

_____

Estrecho

_____

_____

Simbiótico

_____

_____

Estigma

_____

_____

Marginar

_____

_____

Deleitarse

_____

_____

Hibernación

_____

_____

Milenio

_____

_____

DESPUÉS DE LA LECTURA.

A. Indique si las siguientes frases sobre la lectura anterior son ciertas o falsas y corrija las que sean falsas.

1. La cultura y la lengua pueden existir independientem ente la una de la otra.

2. Cuando desaparece la lengua, desaparecen también tod os nuestros valores.

3. En la década de los sesenta, comenzó una etapa en la que las familias hispanas se sintieron discriminadas y marginadas.

4. El gobierno estadounidense impuso, hasta mediados de los ochenta, una tasa electoral a todo aquel que deseara votar.

5. La tasa electoral fue creada para animar a todos los ciudadanos mayores de edad a votar.

6. La población latinoamericana disminuye todos los años en Estados Unidos.

7. La población nacional hispana, en nuestro país, suma una totalidad de dos millones.

   B. En clase, forme grupos de 4 personas y conteste a las siguientes preguntas después de discutirlas con sus compañeros.

1. De acuerdo con la lectura que acaba de realizar ¿por qué decimos que la lengua y la cultura forman una relación simbiótica?

2. ¿Qué otros ejemplos puede dar usted de dicha relación?

3. ¿Qué produjo en los Estados Unidos una crisis sociolingüística?

_____
_____
_____
_____
_____
_____
_____
_____
_____
_____
_____

4. ¿Cree usted que esta crisis está completamente superada? ¿Por qué?

_____
_____
_____
_____
_____
_____
_____
_____
_____
_____

5. ¿Por qué se siente usted orgulloso de ser hispano? Conteste a esta pregunta y después comparta su respuesta con los componentes de su grupo.

_____
_____
_____
_____
_____
_____
_____
_____
_____
_____
_____
_____
_____
_____

6. ¿Qué otros ejemplos de personajes famosos hispanoamericanos se le ocurren en el mundo artístico, político, cultural y de negocios?

_____
_____
_____
_____
_____
_____
_____
_____
_____
_____
_____
_____
_____
_____
_____
_____
_____
_____

7. Es de suponer que si usted ha decidido tomar este curso es porque desea mejorar su español, pero ¿por qué? ¿Cuáles son algunas de sus metas personales y/o profesionales en cuanto al uso de esta lengua?

_____
_____
_____
_____
_____
_____
_____
_____
_____
_____
_____
_____
_____
_____
_____
_____

8. ¿Qué cree usted que va a tener que hacer para conseguir esas metas además de tomar este curso? Dé ejemplos específicos.

_____
_____
_____
_____
_____
_____
_____
_____
_____
_____
_____
_____
_____

9. En su opinión, ¿cuáles han sido y continúan siendo hoy los dos lazos culturales más destacados que unen a todos los hispanoamericanos?

_____
_____
_____
_____
_____
_____
_____
_____
_____
_____
_____
_____
_____

ORTOGRAFÍA

La diéresis. Usted habrá visto con frecuencia en sus lecturas previas, palabras como guerra, guión, guitarra etc. en las cuales el uso de la letra "u" entre la "g" y otra vocal no se pronuncian.

En las sílabas **gua** y **guo** la letra "u" sí que se pronuncia. Obsérvense, por ejemplo, las siguientes palabras:

Agua, Guadalquivir, guapo, Guadalupe, igual, ambiguo

En español, no obstante, la "u" es muda en las sílabas **gue** y **gui.** Léanse en voz alta los siguientes ejemplos:

Siguiente, guerra, guitarra, guillotina, hoguera etc.

Existen casos, sin embargo, en los que se hace necesario pronunciar la "u" en las sílabas **gue** y **gui**. Para notar este cambio en la pronunciación de dichas palabras es preciso el uso de la **diéresis**. Esto es: es necesario poner dos puntos sobre la "u". Véanse los siguientes ejemplos:

Lingüístico, pingüino, güiro, güero, etc.

EJERCICIOS DE ORTOGRAFÍA.

1. Explique lo que es la diéresis.

2. Dé tres ejemplos de palabras que se escriben con diéresis y escriba cada una en una frase completa.

EL ALFABETO.

El alfabeto español cuenta con 27 letras: veintidós consonantes y cinco vocales.

Recuerde que la letra "h" es muda y por lo tanto nunca se pronuncia.

Ejemplos: Hotel, hola, hijo.

La letra "b" y la "v" se pronuncian exactamente ig ual en español.

Ejemplos: Vida, bebo, veo, vaso, base.

La "w" y la "k" se utilizan únicamente en algunas palabras extranjeras.

Ejemplos: Whisky, kilo.

En América latina, la letra "c" tiene el sonido /s/ delante de las vocales "e" e "i" (/th/ en España). Por ejemplo: cenicero, cimiento, cereza. Esta misma letra, tiene el sonido /k/ delante de las vocales "a", "o", "u".

Ejemplos: Casa, cucaracha, coco.

En español, la letra "q" siempre va seguida de la letra "u", aunque ésta última no se pronuncia en tal caso.

Por ejemplo: Queso, quemar, querella, etc.

La "y" se pronuncia como la vocal "i" al final de sílaba, y como la "ll" al principio de cada sílaba.

Por ejemplo: Yolanda, yo, yoyó, voy, doy, soy.

Hasta 1994 el alfabeto español tenía 29 letras: 5 vocales y 24 consonantes. La Real

Academia de La Lengua Española decidió suprimir la "ch" y la "ll" como letras individuales. Esto significa, por lo tanto, que a la hora de buscar palabras en el diccionario, la palabra "chico", por ejemplo, no aparecerá bajo la letra "ch", sino bajo la letra "c".

Cabe notar, no obstante, que si usted dispone de un diccionario cuya fecha de publicación precede a 1994, las letras "ch" y "ll" aparecerán p or separado.

Los nombres de las letras del abecedario español aparecen a continuación:

LETRA	NOMBRE	EJEMPLO
A	a	Ana, para, amapola.
B	be, be grande	beso, boca, bote.
C	ce	cielo, casa corazón.
D	de	día, doy, dos.
E	e	ella, él, Elena.
F	efe	foto, frío, fósforo.
G	ge	gota, gente, gato.
H	hache	hotel, hola, hielo.
I	I	isla, Isabel, idea.
J	jota	Javier, joven.
K	ka	kilo, kilómetro
L	ele	lío, Lola, limón
M	eme	mío, mono, mira
N	ene	nota, niño
Ñ	eñe	cañón, caña
O	o	hola, otro, ópera
P	p	pipa, poco, primo
Q	cu	queso, aquello, que
R	erre	río, rosa, reto
S	ese	sol, soso, silla
T	te	total, tío, tomate
U	u	tabú, uno, último
V	uve, ve chica	vivo, vista, voy
W	uve doble, doble u	whisky, Washington
X	equis	saxofón, éxtasis
Y	i griega	voy, soy, yo
Z	ceta	zapato, zorro

EJERCICIOS.

A. Lea en voz alta la siguiente lista de palabras:

voy	bola	bizcocho	vivir
beso	vía	veo	boda
bien	aviso	bueno	barato
bonito	bosque	vuestro	vimos

B. Lea en voz alta la siguiente lista de palabras:

hueso	huelo	húmedo	hola
hiato	hemos	habitación	hilo
huésped	hotel	hombre	hago

C. Lea en voz alta la siguiente lista de palabras:

queso	cuelo	quemo	quito
casa	cuna	cuezo	quesadilla
cuervo	chiquillo	que	cualquiera

D. Lea en voz alta la siguiente lista de palabras:

llorar	yoyó	reyes	llamo
yo	gallo	rollo	Yolanda
callar	yugo	pillo	querella

MÁS ALLÁ

EL MOVIMIENTO CHICANO.

Si bien las mejoras socioeconómicas de los hispanoamericanos han continuado ganando momento desde hace 5 décadas, todavía hay hoy un nú mero considerable de latinos que se sienten marginados y frustrados. Los México-americano s canalizaron esa frustración a través del movimiento chicano fundado en el año 1961.

Si bien se desconoce la etimología exacta de la palabra "chicano", lo cierto es que muchos continúan considerando este término denigrante. El movimiento chicano ha contribuido a cambiar esta connotación y a otorgar a los México-americanos el orgullo étnico-cultural que años de discriminación les habían robado.

César Chávez constituye hoy la personificación de ese orgullo. Personaje de humilde origen y cuyo liderazgo continúa inspirando hoy a hispanoamericanos de todo el país.

PARA ESCRIBIR

Escriba aquí una lista de metas sociales y lingüísticas para esta clase y compárelas con las de sus compañeros.

Ahora redacte un ensayo de una página escrito a máquina describiendo detalladamente cuáles son sus metas lingüísticas y culturales en esta clase.

_____

_____

_____

_____

_____

_____

_____

_____

_____

_____

_____

_____

_____

_____

_____

_____

_____

_____

_____

_____

REFRÁN

Lea el siguiente refrán:

"PAGAR JUSTOS POR PECADORES."

1. Discuta con sus compañeros el dicho anterior y escriba una explicación formal detallada sobre su significado. Imagine que su explicación va a aparecer en una revista.

_____

_____

_____

_____

_____

_____

_____

_____

_____

_____

_____

_____

_____

_____

_____

_____

VOCABULARIO

A. Empareje las siguientes palabras con su significado.

1. redactor   _____a. grande
2. querella   _____b. no tener
3. diéresis   _____c. diez años
4. no obstante   _____d. historia de la palabra
5. gama   _____e. escribir
6. paulatinamente   _____f. conflicto legal
7. etimología   _____g. dos puntos sobre la „u"
8. antepasados   _____h. generaciones anteriores
9. ingente   _____i. impuesto
10. carecer   _____j. poco a poco
11. década   _____k. variedad
12. tasa   _____l. sin embargo

B. Busque 10 palabras en este capítulo, escríbalas aquí, encuentre después su significado en un diccionario y escriba a continuación una frase con cada palabra.

1.

_____
_____
_____

2.

_____
_____
_____

3.

_____
_____
_____

4.

_____
_____
_____

5.

_____
_____
_____

6.

_____
_____
_____

7.

_____
_____
_____

8.

_____
_____
_____

9.

_____
_____
_____

10.

_____
_____
_____

CAPÍTULO 1

El DESARROLLO DEL ESPAÑOL

El español es hoy el tercer idioma más hablado del mundo. Conviene, a la hora de estudiarlo, conocer sus orígenes, ya que no sólo se remontan a varios siglos, sino que éstos son, además, numerosos y variados: el latín vulgar, el vasco, el griego, las lenguas germanas, el árabe etc.

La base del español es el latín vulgar que data en l a Península Ibérica de principios del siglo III A.C. (1). Esta lengua fue impuesta por los romanos cuando Hispania -así llamado el país en aquel entonces- llegó a formar parte del Imperio Romano. Hasta el momento se había hablado en la península la lengua de los íberos, celtíberos, cántabros o lusitanos. Tras la fragmentación y caída del Imperio Romano la lengua permaneció en la región y continuó desarrollándose. Varios siglos más tarde, el latín daría paso a la creación de las lenguas románicas: el castellano, el leonés, el aragonés, el gallego-portugués, el catalán y, cómo no, el mozárabe (2). De todas ellas, sería el castellano el que acabaría predominando hasta nuestros días. Era entonces en Castilla donde se hablaba este dialecto proviniendo de ahí su denominación actual.

Constituye el griego, quizá, nuestro segundo pilar lin güístico más importante. Su influencia llegó a España por las costas mediterráneas durante el siglo VII A.C. gracias a los colonizadores griegos que por aquel entonces se asentaban en aquella región. De tales voces han llegado hasta nuestros días palabras como gobierno, escuela, teléfono, hélice, televisión, etc. Cabe destacar que, a partir del reinado de Alfonso X el Sabio y, con más fuerza a partir del renacimiento, frecuentemente se utilizaron raíces griegas para formar nuevos vocablos en español. En efecto, el rey Alfonso tuvo que solucionar el problema de la carencia de vocablos castellanos para traducir palabras del árabe, del hebreo etc. con lo que el monarca tuvo que, literalmente, crear palabras. Para ello se valió frecuentemente de prefijos o sufijos griegos.

Las voces germanas llegaron a influenciar nuestra len gua gracias al contacto de estos pueblos con los bárbaros, fuertemente romanizados. En el español aparece, por ejemplo, el germanismo "burgo" que significó en un principio castillo y posteriormente ciudad. De ahí provienen los topónimos Luxemburgo, Edimburgo, etc. También hay numerosos nombres y apellidos en nuestra lengua de origen germano: Ramírez, González, Julián, Sacristán etc.

Sobre el vasco han debatido mucho lingüistas, historiadores e hispanistas. Lo cierto es que si bien se han expuesto numerosas hipótesis sobre su procedencia, nadie conoce con certeza su origen. Lo que sí se sabe es que el vascuence ha enc ontrado, a través de los siglos, maneras de influenciar el español. En la Edad Media, fue durante la reconquista de la Península. A medida que los pueblos cristianos iban recobrando territorio de los moros, los vascos eran los que lo repoblaban, trayendo consigo sus costumbres y, claro, su lengua. A los vascos se les atribuye, por ejemplo, el sufijo -rro en español: catarro, cigarro, guijarro, etc.

El árabe influenció enormemente el español. No es esto de extrañar, dada la documentación histórica que nos muestra su invasión de la península en el año 711 D.C. que duraría ocho siglos y que continuaría hasta que Fernando de Aragón e Isabel la Católica los expulsara de su último reino - Granada- en 1492.

Con la llegada de los árabes, se genera una riqueza sociocultural, política y lingüística sin precedentes. La biblioteca árabe de Córdoba era, en aquel entonces, la mayor de Europa. De las jerarquías gubernamentales que crearon nos han llegado términos como alguacil, alcalde etc. Cabe notar, además, que todo vocablo en español que comienza con el prefijo "-al" es casi sin duda, de origen árabe: aldea, almohada, Aldonza, alfombra, etc. Lo mismo se puede decir de los términos que comienzan con el prefijo "gua-". De ahí los topónimos Guadalajara, Guadarrama, Guadalquivir, etc. También de origen árabe es el sufijo "-í", como por ejemplo, marroquí, alfonsí, etc.

Los primeros textos en castellano aparecen en la península en el año 1042: las jarchas. No obstante, se escribieron con caracteres hebreos o árabes. El primer texto literario, escrito íntegramente en castellano es el "Cantar de Mío Cid". El nombre de su autor se desconoce, pero sí sabemos que su versión original data del año 1140 aproximadamente. Posteriormente, en el siglo XII aparecerían los textos de Alfonso X el Sabio, rey de Castilla entre 1252 y 1284. Este monarca dedicó su energía a fundar la Escuela de Traductores de

Toledo y a escribir algunos de los textos de mayor importancia en la literatura de principios de la Edad Media, entre ellos la "Grande e General Estoria de España". Alfonso X se convierte en el primer monarca en declarar el castellano, lengua oficial de su reino. Fue pues, a partir del siglo XIII en Castilla, donde se detecta, gracias a la literatura alfonsí, una cierta uniformidad en la ortografía de la lengua, ya que hasta entonces no se había establecido normativa alguna. Más tarde, sin embargo, en el siglo XV, con la publicación de Antonio de Nebrija del primer tratado de gramática del castellano estas normas llegarían a una uniformidad hasta entonces inexistente y que da ría pie a lo que es hoy el castellano.

De todas las lenguas romances, fue el castellano el que prevaleció y llegó a predominar en la península. Por un lado, al <u>consolidarse</u> el reino castellano como el más poderoso de los existentes en la zona, éste comenzó a reconquistar las tierras antes perdidas a los moros. La reconquista trajo consigo el dominio del dialecto castellano. Además debemos recordar que fue ésta la lengua que Alfonso X utilizó para traducir textos jurídicos, históricos, científicos y literarios del árabe y del hebreo.

Hoy podemos dividir el desarrollo de la lengua española en 3 etapas: la medieval, en la que se hablaba el español antiguo y que se extiende desde el siglo X hasta el XVI, la moderna, entre los siglos XVI y finales del XVII y la contemporánea que continúa hoy y que comenzó con la creación de la Real Academia Española en el siglo XVIII.

El año 1492 es pues, en la historia de España, impo rtante por varios motivos: la expulsión de los judíos, el final de la reconquista, la publicación del primer tratado de gramática castellana y, cómo no, el descubrimiento de América.

Ya con el descubrimiento de Cristóbal Colón, la lengua castellana se hallaba plenamente consolidada. La mayoría de los <u>buques</u> que salieron posteriormente para el nuevo mundo, lo hacían desde la región sureña de Andalucía, única zo na en la península donde la z no se pronunciaba como /th/, sino como /s/ (3). De ahí que los hispanohablantes del continente americano desarrollaran esta misma pronunciación. A través de los siglos, el español se mezcló, en el nuevo mundo, con las lenguas indígenas y muchas de ellas subsistieron en ese continente hasta hoy. El contacto de los españoles con los indios produjo la infiltración de numerosos términos indígenas como „tomate" o „cacao".

Con el correr del tiempo, otras lenguas han aportado vocablos al español con galicismos, italianismos y anglicismos (palabras procedentes del francés, del italiano y del inglés respectivamente). Los avances tecnológicos han creado también, la necesidad de nuevos vocablos (neologismos) a nuestro idioma.

Gracias a los esfuerzos imperialistas que iniciaron los Reyes Católicos y que continuarían durante los próximos 300 años, el español es hoy, no sólo el idioma oficial de España, sino de 19 países de América y del Caribe: Costa Rica, Nicaragua, La República Dominicana, El Salvador, Cuba, México, Honduras, Guatemala, Colombia, Panamá, Venezuela, Perú, Bolivia, Ecuador, Argentina, Paraguay, Uruguay, Puerto Rico y Chile.

También el español se extendió por otros países. Por ejemplo, los judíos expulsados de la península en 1492 se llevaron con ellos la lengua, asentándose predominantemente en el norte de África, en Turquía y en partes de Asia. Filipinas, colonia de España por algún tiempo, utilizó el español durante muchos años junto con el tagalo y el inglés.

El español cuenta hoy con más de 400 millones de hablantes esparcidos por los cuatro continentes gracias a su riqueza histórica. Riqueza que no hubiera sido posible sin la contribución de numerosos pueblos y culturas de diversos puntos del mundo.

- A.C. significa "antes de Cristo". D.C. significa "después de Cristo".
- El mozárabe era la mezcla de lenguas romances con el árabe hablado en la península.
- Hoy hay quien cree, erróneamente, que los españoles utilizan el sonido /th/ para la letra z a raíz del mito de un ceceo del monarca Carlos III.

VOCABULARIO

1. En el pasaje que acaba de leer, encontrará 5 palabras subrayadas. Búsquelas en el diccionario y escriba su significado a continuación. Provea después una frase con cada una de estos términos.

   A. _____
   _____
   _____

B. _____
_____
_____

C. _____
_____
_____

D. _____
_____
_____

E. _____
_____
_____

EJERCICIOS SOBRE LA LECTURA

2. Según la lectura que acaba de realizar, explique d e dónde cree usted que provienen las siguientes palabras españolas.

A. Teleférico:_____

B. Altura:_____

C. Carro:_____

D. Gómez:_____

E. Guapo:_____

F. Alcohol:_____

G. Burgos:_____

3. Explique, de acuerdo con el texto anterior, cual fue la influencia del árabe en el desarrollo del español y por qué esta influencia fue tan importante.

_____
_____
_____
_____
_____
_____

_____
_____
_____
_____
_____

4. ¿Cuáles eran las lenguas que existían en la Península Ibérica antes de la llegada del latín a estas tierras?

_____
_____
_____
_____
_____
_____
_____
_____
_____
_____

5. Explique la razón de la influencia griega en la formación del español.

_____
_____
_____
_____
_____
_____
_____
_____
_____
_____

6. Explique cuál fue el papel del monarca Alfonso X el Sabio en la formación y desarrollo de la lengua española.

_____
_____
_____
_____
_____

_____
_____
_____
_____
_____
_____

7. Explique por qué en España la letra "z" tiene el sonido /th/ y en latino América se pronuncia como /s/.

_____
_____
_____
_____
_____
_____
_____
_____
_____
_____
_____
_____

8. Enumere las partes del mundo en las que se habla hoy el español.

_____
_____
_____
_____
_____
_____
_____
_____
_____
_____
_____
_____

9. ¿Cuál fue el papel de los Reyes Católicos en el desarrollo y expansión de la lengua española?

_____
_____
_____
_____
_____
_____

_____
_____
_____
_____
_____

10. Indique si las siguientes frases sobre la lectura anterior son ciertas o falsas. Corrija las que sean falsas.

_____
_____
_____
_____
_____

a) El español es hoy el idioma más hablado del mundo.

_____
_____
_____

b) La base del español es el árabe vulgar.

_____
_____
_____

c) El Segundo pilar lingüístico del castellano es el griego.

_____
_____
_____

d) Las voces germanas llegaron a influenciar nuestra lengua gracias al contacto de estos pueblos con los íberos.

_____
_____
_____

e) El vascuence proviene del sur de Italia.

_____
_____
_____

f) Alfonso X el Sabio expulsó a los árabes de la península definitivamente.

_____

g) Los primeros textos en castellano aparecen en la península en 1042 pero estaban escritos con caracteres árabes.

_____

h) El desarrollo de la lengua española se divide en dos etapas: la medieval y la contemporánea.

_____

i) El español se habla hoy en España y en 19 países de América y del Caribe.

_____

j) El español cuenta hoy con cuatrocientos millones de hablantes esparcidos por los cuatro continentes.

_____

LA DIVISIÓN DE LAS PALABRAS EN SÍLABAS

Recuerde que una sílaba es una letra o grupo de letras que se pronuncian en un sólo golpe de voz.

Dependiendo del número de letras en cada sílaba, podemos dividirlas de la siguiente manera:

Sílabas de una sola letra_____monolíteras.

Sílabas de dos letras_____bilíteras.

Sílabas de tres letras_____trilíteras.

Sílabas de cuatro letras_____cuatrilíteras.

Dependiendo del número de sílabas en cada palabra decimos que:

Monosílaba_____es una palabra de una sola sílaba.

Bisílaba es _____una palabra de dos sílabas.

Trisílaba_____es una palabra de tres sílabas.

Polisílaba_____es una palabra de múltiples sílabas.s

Para un cierto número de hispanohablantes, esta división es intuitiva y no necesita estudio. Con frecuencia, no obstante, el estudiante tendrá que consultar la reglas de silabificación para cerciorarse de que su trabajo es correcto.

La palabra mariposa, por ejemplo, se divide: ma-ri-po-sa.

Si bien esto parece simple, conviene recordar las siguientes reglas:

1. Siempre que sea posible, las sílabas en español comenzarán con una consonante. Ejemplos: co-no-ce-mos, ca-mi-ne, dí-se-lo

    Cabe notar que algunas palabras en español comienzan con una vocal, por lo tanto, la sílaba inicial no podrá comenzar con consonante.
    Ejemplos: A-na, in-dio, es-pe-ra

2. Algunas consonantes aparecen enfrente de la "l" o la "r" formándose así una sola sílaba.
    Estos grupos de consonantes, en tal caso, no podrán separarse:

bl br	cl cr	fl dr	gl fr	pl gr	tr pr

Ejemplos: blan-co	cla-ro	flo-ta,	glo-ria dra-
pla-za.	bro-ta	crí-o	gón
frí-o	gran-de		

3. Todas las demás consonantes en medio de una palabra han de separarse, de forma que una irá al final de una sílaba y la otra comenzará la siguiente.
    Ejemplos: Ac-ci-den-te, oc-tó-go-no, es-tre-lla, etc.

    Cuando hay grupos de tres o cuatro consonantes que aparecen juntas en una palabra, éstas se separan de acuerdo con las normas que hemos aprendido hasta ahora. Esto es: sólo una consonante puede comenzar una sílaba (con la excepción de la regla número 2), pero más de una consonante puede terminarla.

Ejemplos: des-truc-ción, subs-ti-tu-to, cons-tan-cia, etc.

4. Cuando aparecen dos vocales juntas, se mantendrán en una sola sílaba si forman un diptongo, o se separarán si no forman diptongo (mírese la siguiente sección sobre los diptongos).

   Ejemplos: Huér-fa-no, a-é-re-o, Hues-ca, etc...

EJERCICIO:

A. Silabifique las siguientes palabras:

Éxtasis	profesora
Broma	reloj
Tragar	pecera
Mariposa	computadora
Acceder	ejército
Gramófono	refrigerador
Obsesivo	pasillo
Estrella	corpulento

B. Escriba tres palabras para cada una de las siguientes categorías:

Monosílaba:

_____

_____

Bisílaba:

_____

_____

Trisílaba:

_____

_____

Polisílaba:

_____

_____

LOS POLÍDROMOS

Los polídromos son palabras o frases que se escriben igual de izquierda a derecha y de derecha a izquierda.

Algunas palabras polídromas: Ana y oso. Una frase polídroma: Amad a la dama.

LAS VOCALES.

Al igual que en inglés, en español existen 5 vocales: a, e, i, o, u. Han de observarse, no obstante las diferencias en su pronunciación. Repita estas letras con su profesor/a y note las diferencias entre las vocales en ambos idiomas.

Las vocales se dividen en dos grupos:

vocales fuertes (o abiertas): a, e, o. vocales débiles (o cerradas): i, u.

LOS DIPTONGOS.

Llamamos diptongos a la combinación, en una misma sílaba, de dos vocales débiles o de una vocal débil con una fuerte (como veremos más adelante, una vocal débil con tilde se convierte, automáticamente, en una vocal fuerte).

En español existen, por lo tanto, catorce diptongos:

I

ie: diente, viene, tiene, etc.

ei (también ey al final de palabra): aceituna, rey, veinte, etc.

io: odio, presidio, tradición, etc.

oi (también oy al final de palabra): oigan, voy, doy, etc..

ia: fastidia, envidia, alivia, etc.

ai (también ay al final de palabra): hay, aire, etc.

U

ua: agua, cuatro, cuando, etc. **ue:** hueso, cuero, cuervo, etc. **uo:** arduo, ambiguo, etc.

au: auto, aunque, pausa, etc.

eu: euro, Eulalia, etc.

ou: estadounidense, etc.

I/U

iu: viuda, diurna, etc.

ui: cuídate, fui, Luis, etc.

Es necesario recordar que un diptongo, al pronunciarse en un solo golpe de voz, formará siempre una sola sílaba. Más adelante examinaremos los diptongos detalladamente para el estudio de la acentuación.

EJERCICIO:

A. Silabifique las siguientes palabras y subraye los diptongos donde los haya.

aerograma	huésped	aerovía	vienes
oasis	Octavio	oeste	ahora
Padua	alegría	dúo	abrió

LOS TRIPTONGOS.

Un triptongo es la combinación en una misma sílaba, de tres vocales pronunciadas. Para que exista un triptongo, las tres sílabas han de pronunciarse en un solo golpe de voz. En un triptongo hay dos vocales débiles con una vocal fuerte entre ellas.

Ejemplos: Paraguay, buey, etc.

LOS HIATOS.

Dos vocales fuertes juntas no se pronuncian nunca en un solo golpe de voz, por lo que deben formar parte de dos sílabas diferentes. La combinación de dos vocales fuertes en una sílaba se llama hiato.

Ejemplos: a-é-re-o, o-es-te, etc.

REGLAS DE LA ACENTUACIÓN.

Es importante recordar que, a la hora de dividir las palabras en sílabas con el propósito de acentuarlas en la vocal apropiada, el estudiante siempre comenzará a contar las sílabas desde el final. Así en la palabra: dá- me-lo:

lo: es la última sílaba.

me: es la penúltima sílaba.

dá: es la antepenúltima sílaba.

1. En español, las palabras que terminan en "n", "s" o vocal, llevan el estrés (o acento fonético) en la penúltima sílaba.
Ejemplos: Carlos, amarillo, canon, etc.

2. Las palabras que <u>no</u> terminan ni en "n", ni en "s", ni en vocal, llevan el estrés (o acento fonético) en la última sílaba.
    Ejemplos: Ester, mandil, abril, etc.

3. Cuando las reglas número 1 y 2 se rompen, entonces utilizamos el acento escrito para indicar al lector esa excepción. Véanse por ejemplo las siguientes palabras:
    Canción, estrés, miró, etc.
    De acuerdo con la regla número 1, estas tres palabras tendrían que llevar en acento fonético en la primera sílaba. Todo hispano hablante sabe, no obstante, que las tres palabras en cuestión llevan el estrés en la última sílaba, por lo tanto, ponemos el acento escrito o "tilde" para notar la excepción a la regla.
    Lo mismo ocurre con las palabras fácil, Pérez, hábil. La regla número 2 indica que el estrés debe caer en la última sílaba, sin embargo todo hispano hablante sabe, intuitivamente, que el estrés está en la penúltima sílaba, por lo tanto , una vez más, notamos esta excepción con una tilde.

4. Las palabras que tienen el acento fonético en la antepenúltima sílaba o antes, siempre tienen acento escrito.
    Ejemplos: Cómetelo, mírame, cuéntamelo, etc.

EJERCICIOS:

A. Silabifique las siguientes palabras y después subraye los diptongos donde los haya. A continuación ponga tilde (o acento escrito) donde sea necesario.

1.	Inmediato	2.	Rodriguez
3.	Mandamelo	4.	Aereo
5.	Dictador	6.	Cajita
7.	Cancion	8.	Chicano
9.	Bandera	10.	Camaleon
11.	Tempano	12.	Chiquitin
13.	Terror	14.	Huelga
15.	Caliz	16.	Español
17.	Panameño	18.	Certamen

B. Silabifique las siguientes palabras, subraye el diptongo donde lo haya y escriba el acento escrito o tilde en las palabras que lo necesiten. A continuación explique por qué ha puesto tilde en cada caso. Identifique además, para cada p alabra, cual es la última sílaba, la penúltima y la antepenúltima.

1. Huerfano

   _____
   _____
   _____

2. Aerostatico

   _____
   _____
   _____

3. Empleo

   _____
   _____
   _____

4. Martinez

_____
_____
_____

5. Emancipacion

_____
_____
_____

6. Estudienlo

_____
_____
_____

5. Si bien, como hemos visto, un diptongo es la combinación de dos vocales débiles o de una vocal débil con una fuerte en un sólo golpe de voz, hay situaciones en las que tal combinación no se pronuncia en un sólo golpe de voz, sino en dos. Cuando esto ocurre, debemos poner tilde en la vocal débil para romper el diptongo.

Lea en voz alta, por ejemplo, las siguientes palabras y verá que si bien ciertas sílabas tienen la combinación de vocales necesaria para que exista un diptongo, éstas se separan fonéticamente y por lo tanto hay que marcar tal separación con una tilde.

| Iría | guía | río | alegría | mío |
| día | continúo | grafía | dúo | decía |

Ahora silabifique las palabras de la lista anterior.
Por otro lado, una vocal fuerte con tilde continúa siendo una vocal fuerte, por lo tanto la acentuación de tal vocal no produciría la ruptura de dicho diptongo.

Lea en voz alta, por ejemplo, las siguientes palabras y silabifíquelas.

canción	Sebastián	camión	aguántate
huélelo	guárdamelo	fuéramos	acción

6. Las palabras monosílabas nunca se acentúan, a no ser que sean homófonas -dos palabras son homófonas cuando suenan de igual modo-. En tal caso una de ellas llevará tilde diacrítica para distinguirla de la otra.

Con la ayuda de su profesor/a, o de un diccionario, escriba el significado de las siguientes palabras:

sí_____

si_____

sé_____

se_____

dé_____

de_____

té_____

te_____

él_____

el_____

mí_____

mi_____

tú_____

tu_____

más:_____

EJERCICIO.

Escriba una frase que incluya cada una de las palabras en la lista anterior.

1. _____

2. _____

3. _____

4. _____

5. _____

6. _____

7. _____

8. _____

9. _____

10. _____

11. _____

12. _____

13. _____

14. _____

15. _____

16. _____

EJERCICIO.

    A. Ponga acento escrito donde sea necesario.

       1. o no se lo que quiere hacer el.
       2. Juan dio la vuelta para pedir un te.
       3. Si tu me dices que si, me ire hoy mismo.
       4. El se crio para que tu y todos le dijerais que si.
       5. Tengo hambre, mas no quiero comer hasta mas tarde.
       6. Yo se que Juan no se ducha todos los sabados.
       7. Te digo que tu no tienes razon.
       8. Yo se que tu estudias muchisimo.
       9. Tu sabes muy bien que mi casa es tu casa.
      10. El dice que este regalo es para mi.

    7. Se escribe tilde en la palabra "sólo" cuando se trata del adverbio que se puede substituir por la palabra "solamente". No se escribe tilde, sin embargo, en la palabra "solo" cuando se trata del adjetivo que significa "alone".

    8. Se acentúa el adverbio "aún" cuando significa "todavía". No se acentúa "aun" cuando significa "también", "hasta" o "incluso".

Español	Inglés
solo	only
solo	alone
aún	still
aun	also, until, even

EJERCICIOS.

A. Ponga tilde en las palabras que la necesiten:
1. Ramon solo tiene dos titeres.
2. Aun tiene mas dinero que Sebastian.
3. Fijate que son ya las dos y aun no has llegado tu.
4. Me han hecho solo dos ofertas.
5. Le dimos 30 euros y aun se fue triste.
6. Mis padres estan aun en Andalucia.
7. El se quedo solo y tu te marchaste.

B. Substituya las palabras también, hasta, incluso y todavía por las palabras aún y aun.
1. Todavía tengo ganas de llorar.
2. Yo todavía no he terminado mis estudios.
3. María tiene dos hermanas y también tiene un hermano mayor.
4. Desinfectamos el baño y todavía había bacteria.
5. Juan se lavó la ropa e incluso me hizo la cena.
6. En mi fiesta hasta me cantaron ópera.
7. Yo estudio español y hasta japonés.

C. Reescriba las siguientes frases para evitar que sean ambiguas.

1. Juan solo me trajo el libro.

   _____

2. Juan sólo me trajo el libro.

   _____

3. El profesor enseña solo por la tarde.

   _____

4. El profesor enseña sólo por la tarde.

   _____

5. Voy a la escuela solo los martes.

   _____

6. Voy a la escuela sólo los martes.

   _____

LOS INTERROGATIVOS

1. LOS INTERROGATIVOS MÁS COMUNES

La lista a continuación muestra los interrogativos más comunes y ejemplos de su uso. Preste especial atención a su acentuación.

INTERROGATIVOS

¿Cómo?	How?	¿Cómo es Jorge?	Es rubio.
¿Cuál? ¿Cuáles?	Which one(s)?	¿Cuál es tu casa?	Es la azul.
¿Cuál?	What?	¿Qué clase te gusta?	La tuya
¿Cuánto? ¿Cuánta?	How much?	¿Cuánto humo hay?	Hay poco.
¿Cuántos? ¿Cuántas?	How many?	¿Cuántas casas hay?	Hay cinco
¿Cuándo?	When?	¿Cuándo vienes aquí?	Iré mañana
¿Quién? ¿Quiénes?	Who?	¿Quién es tu padre?	Es Juan
¿De dónde?	Where from?	¿De dónde eres tú?	Soy de ahí
¿Dónde?	Where?	¿Dónde está Eva?	Está allí
¿Adónde?	Where to?	¿Adónde vas hoy?	Voy al cine
¿Qué?	What? Which?	¿Qué color te gusta?	El azul
¿Por qué?	Why?	¿Por qué hablas inglés?	Porque sí
¿Para qué?	Why? For what reason?	¿Para qué vas allí?	Para verte

EJERCICIO

Complete el diálogo siguiente haciendo las preguntas correspondientes utilizando los siguientes adjetivos interrogativos. ¡Ojo! Sólo puede repetir uno.

Cómo	Cuánto	Quién	Dónde	Adónde
Qué	Por qué	Para qué	Cuándo	A qué hora

1. _____

   Ayer vi a un hombre que me enamoró por completo.

2. _____

   No tengo ni idea de quién era.

3. _____

   Alguien mencionó su nombre, pero no pude escuchar bien.

4. _____

   Juan dijo que tiene cinco años más que yo.

5. _____

   Lo vi en una discoteca cuando fui con Elena.

6. _____

   Lo vi por primera vez cuando se acercó al bar.

7. _____

   Pidió un Whisky.

8. _____

   Mi amiga Elena se emocionó mucho porque le pedí que le llevara una bebida gratis de mi parte.

9. _____

   Esto ocurrió a las 11 de la noche aproximadamente.

10. _____

    Fui a la discoteca para bailar con mis amigos.

11. _____

    Cuando él se marchó yo también me fui a casa.

LOS EXCLAMATIVOS

Los exclamativos de la siguiente lista se usan -como su nombre indica- para formar frases exclamativas.

¡Qué! what a(n)...How...!

¡Qué pena!

¡Qué sitio más bonito!

¡Qué maravilla!

¡Qué cansado estoy!

¡Qué horror!

¡Qué simpático!

¡Cómo! How ! (in what manner)

¡Cómo estamos disfrutando

¡Cómo estudias!

¡Cómo se quemó!

¡Cuánto (-a, -os, -as)! How much! (to what extent) How many! (quantity)

¡Cuánto tiempo hace que no te veo!

¡Cuánto dinero tiene!

Es importante observar que los exclamativos siempre tienen acento escrito.

EJERCICIO

1. Rellene los espacios en blanco con el exclamativo apropiado.

¡(1)_____actriz más guapa!(2)_____bien se viste y (3)_____coches tiene! ¡(4)_____me gustaría conocerla y (5)_____daría yo por cenar con ella!

!(6)_____día más bonito! ¡(7)_____bellas flores y (8)_____árboles maravillosos! ¡(9)_____disfrutaría Fernando de este lugar! ¡(10)_____pena que no pueda él estar aquí con nosotros!

2. Elsa es una muchacha que se casó cuando tenía 20 años. Después de tener 7 hijos (el menor de 6 meses y el mayor de 11 años) su esposo murió. Unos años más tarde su segundo hijo murió en un terrible accidente de moto. Al poco tiempo su madre falleció en un accidente en el que conducía el auto otro de sus hijos. Escriba una carta a un amigo explicando la vida de su amiga Elsa. Utilice muchas preguntas y exclamaciones. No se olvide de poner los acentos en los interrogativos y exclamativos.

LOS ADJETIVOS Y PRONOMBRES DEMOSTRATIVOS

Los adjetivos demostrativos van delante de un nombre o sustantivo, mientras que los pronombres demostrativos reemplazan al nombre.

LOS ADJETIVOS DEMOSTRATIVOS

SINGULAR	
Masculino	**Femenino**
Este libro	Esta casa
Ese señor	**Esa** señora
PLURAL	
Masculino	**Femenino**
Estos libros	Estas casas
Esos señores	**Esas** señoras

Fíjese en los siguientes ejemplos de adjetivos demostrativos:

Esa chica es muy guapa.　　　　　　　Aquel lugar está muy lejos.

Estos libros son estupendos　　　　　　Este sofá es muy cómodo

Ese chico no me gusta　　　　　　　　Aquella tienda está cerrada

LOS PRONOMBRES DEMOSTRATIVOS

Fíjese en los siguientes ejemplos de pronombres demostrativos:

SINGULAR	
Masculino	**Femenino**
éste	ésta
ése	ésa
aquél	Aquélla
PLURAL	
Masculino	**Femenino**
éstos	éstas
ésos	ésas
aquéllos	aquéllas
Neutro	
esto	
eso	
aquello	

Fíjese en los siguientes ejemplos de pronombers demonstrativos:

- A mí no me gustan <u>ésos</u>
- Nosotros tenemos estos lápices, pero ellos tienen <u>aquéllos</u>
- Ya sé que quieres ese libro, pero yo quiero <u>éste</u>.

Cabe notar, que si bien los adjetivos demostrativos no tienen acento escrito, los pronombres demostrativos sí que lo llevan. Los pronombres demostrativos neutros no necesitan acentuarse ya que no existen los adjetivos demostrativos neutros y no es necesaria su distinción.

EJERCICIO.

Complete los espacios en blanco con la forma correcta de un adjetivo demostrativo o de un pronombre demostrativo según corresponda. Ojo con los acentos.

(1)_____es mi hotel favorito. Yo siempre mencioné que volvería uno de (2) _____años.

(3)_____noche me gustaría ir a (4) _____re staurante que está al otro lado de la ciudad. Cuando lleguemos verás que (5) _____comida es fabulosa. Aunque (6) _____no sea el restaurante más atractivo, vas a ver que (7) _____no será la última vez que vas a ir allí. Recuerdo la primera vez que fui yo dije:"¡(8) _____es excelente!, (9)_____parrillada y (10)_____camarones son riquísimos."

Ahora indique cuáles son adjetivos demostrativos y cuáles son pronombres demostrativos. Indique además si son femeninos, masculinos, singulares o plurales.

1.

_____
_____

2.

_____
_____

3.

_____
_____

4.

_____
_____

5.

_____

_____

6.

_____

_____

7.

_____

_____

8.

_____

_____

9.

_____

_____

10.

_____

_____

D. En el siguiente párrafo, escriba tilde donde sea necesario e indique por qué cada una de ellas es necesaria.

Un dia mi hermano y yo ibamos caminando por las calles de Cuba. Raul decia que nadie hablaba ingles en aquella isla, y yo le dije: "¿que esperas de un pais latino?". Raul dijo que si bien este era un pais hispano, habia muchos turi stas y que, por lo tanto, seria logico llegar a la conclusion de que los trabajadores hablarian ingles. El y yo llegamos a un restaurante que se llamaba "el baul". Alli encontramos a dos chicos hablando en ingles, y yo le pregunte a uno de ellos: "¿tu eres de Estados Unidos?" y el me respondio que era de Estambul pero que llevaba muchos años viviendo en la isla.

Nunca olvidare aquel viaje tan maravilloso. Solo queria bailar, comer y gozar todo el dia. Cuando regrese a Los Angeles, decidi que todos los años viajaria a algun pais de Latino America, y desde entonces siempre he viajado con mi hermano, en agosto, para descubrir las maravillas de este increible continente, aun cuando tengo poco dinero y aun tengo trabajo por hacer en Los Angeles.

REPASO

A. Silabifique las siguientes palabras, después subraye los diptongos y escriba tilde donde sea necesario. Indique por qué ha escrito u omitido la tilde.

1.cancion	6.Perez	11.enanito
2.Sebastian	7.despacito	12.cuidamos
3.debilidad	8.cuentalo	13.chiquillo
4.huerfano	9.hay	14.Lucas
5.Juan	10.extasis	15.vuela

B. Silabifique las siguientes palabras, subraye los diptongos que encuentre, ponga acento escrito o tilde donde sea necesario y después explique por qué escribió u omitió cada tilde.

1.accion	16.protesis	31.biblia
2.encanto	17.diselo	32.boda
3.cinturon	18.corbata	33.enagua
4.collar	19.bebe	34.telefono
5.calendario	20.Rodriguez	35.parque
6.estatua	21.rio (pasado)	36.taza
7.reloj	22.memoria	37.chiquillo
8.hueco	23.hielo	38.dia
9.poster	24.puente	39.flamenco
10.calendario	25.jardin	40.pesitas
11.boligrafo	26.escritorio	41.habia
12.oficina	27.edificio	42.atraccion
13.mucho	28.dentista	43.universidad
14.alergia	29.cacharro	44.chocolate
15.angel	30.veintidos	45.chaparron

MÁS ALLÁ

LA REAL ACADEMIA ESPAÑOLA.

La Real Academia Española -o la R.A.E. como con frecuencia se le llama- es la entidad encargada de establecer y corregir las normas de gramática y de ortografía del español.

Sus orígenes se remontan a principios del siglo XVIII y a las excentricidades del marqués Don Juan Manuel Fernández Pacheco, quien se movía en un sofisticado círculo de amistades y quien gustaba de recibir en su mansión a eruditos y aristócratas con el propósito de discutir temas artísticos y científicos.

Don Juan Manuel pidió audiencia al rey Felipe V para solicitar que el monarca español

-aunque de origen francés y con pocos conocimientos del castellano- apadrinara la creación de la Real Academia Española.

Si bien el proyecto se aprobó, no fue esto sin la protesta de la realeza española que se oponía a la composición de los miembros de la R.A.E. ya que éstos no eran castellanos, sino navarros, catalanes y hasta italianos.

En 1714, Felipe V firmaba las actas que iniciaban l a labor de la Academia. Esta fecha es pues la que ha pasado a la historia como la iniciadora de la institución. Más adelante, en 1739, se publicaría el primer Diccionario de Español de la Real Academia Española. En 1741 aparece la primera publicación de reglas ortográficas y en 1771 la Academia produjo el primer manual de gramática.

La influencia de la R.A.E. se sintió profundamente en América, donde el español se había mezclado ya notablemente con las lenguas indígenas. Las reformas de la lengua en el nuevo mundo hicieron que las reglas se ajustaran de nuevo a la normativa que les llegaba ahora de España, eliminando muchas de las desviaciones ortográficas de los vocablos infiltrados en el castellano por los nativos del sur del continente americano.

La Real Academia respeta hoy las variedades dialectales de todos los países de habla hispana. Sus diccionarios, y publicaciones filológicas continúan, no obstante, ofreciendo homogeneidad a la lengua fortaleciéndola y enriqueciéndola. El primer estatuto de esta institución lingüística resume bien y en pocas palabras la función que hoy desempeña: La Academia "tiene como misión principal velar porque los cambios que experimente la lengua española en su constante adaptación a las necesidad es de sus hablantes no quiebren la esencial unidad que mantiene en todo el ámbito hisp ánico"(1).

(1) Ver los fines de la Real Academia Española en www.rae.es

PARA ESCRIBIR

Utilizando el Internet, vaya a www.rae.es y escriba un breve ensayo resumiendo el contenido de la página de web de la Real Academia E spañola.

REFRÁN

"EL QUE MUCHO ABARCA POCO APRIETA."

Discuta con su grupo el significado del refrán anterior y escríbalo a continuación. Imagínese que su explicación va a aparecer en una revista.

_____
_____
_____
_____
_____
_____
_____
_____
_____
_____
_____
_____
_____
_____
_____
_____
_____
_____
_____
_____
_____
_____

VOCABULARIO ADICIONAL

Busque en este capítulo 3 palabras nuevas para uste d. Halle su significado en el diccionario y escríbalo. Invente a después una frase con cada término.

1.

_____
_____
_____

2.

_____
_____
_____

3.

_____
_____
_____

EJERCICIOS DE REPASO

1. Silabifique las siguientes palabras:

Detonador _____   Actual_____

Blanquecino_____   Obstáculo_____

Extremo _____   Tablero_____

Huelva _____   Creyente_____

2. Silabifique las siguientes palabras y después subraye los diptongos donde los haya.

Guapo _____   Escueto _____

Aéreo_____   Acentuación _____

Cuaderno _____   Duende _____

Aguacero _____   Vuestros _____

Voy _____   Pesado _____

3. Silabifique las siguientes palabras. Después subraye los diptongos donde los haya y ponga acento escrito en cada palabra según sea necesario.

Caballero: _____
Tambien: _____
Lingüistico: _____
Cuentaselo _____
Pagina _____
Encuadernacion _____
Magico _____
Guantanamo_____

4. Silabifique las siguientes palabras, subraye el diptongo donde lo haya es escriba el acento escrito o tilde en las palabras que lo necesiten. A continuación explique por qué ha escrito u omitido la tilde en cada caso.

Mecanico_____

_____

_____

_____

Humedo_____

_____

_____

_____

Airear_____

_____

_____

_____

Oigamos_____

_____

_____

_____

Gonzalez_____

_____

_____

_____

Funcion_____

_____

_____

_____

Aclaracion_____

_____

_____

_____

Buenisimo_____

_____

_____
_____

Admiracion_____

_____
_____
_____

Envidioso_____

_____
_____
_____

5. Complete las siguientes frases con la palabra correcta según las reglas de acentuación que ha aprendido en este capítulo.

> A. Las palabras que terminan en n, s o vocal tienen el acento natural o fonético en la _____sílaba.
> B. Las palabras que no terminan ni en n ni en s ni en vocal tienen el acento fonético o natural en la _____sílaba.
> C. Es necesario poner acento escrito o tilde cuando las dos reglas anteriores_____

6. ¿Qué es un diptongo? ¿Qué es un triptongo?

_____
_____
_____
_____
_____
_____
_____
_____
_____
_____
_____
_____

7. Dé dos ejemplos de palabras que contengan diptongos y otros dos de palabras que contengan triptongos.

_____

_____

_____

_____

_____

_____

_____

_____

_____

_____

_____

_____

8. Escriba acento escrito en las palabras que lo necesiten.
   A. Ramon se cayo del camion.
   B. No se si Juan va a decir que si o que no.
   C. Quiero comer mas pan, mas no tengo hambre.
   D. Este regalo no es para ti, es para mi de parte de tus amigos.
   E. El perrito que me trajo el era precioso.
   F. No se de donde es el te, pero te puedo dar mas café.
   G. Tu sabes muy bien que mi casa es tu casa.

9. Escriba acento escrito en las palabras que lo necesiten.
   A. Solo tengo tres hermanos en mi ciudad.
   B. Cuando Gerardo esta solo, solo quiere comer hamburguesas.
   C. Solo te lo voy a decir una vez.
   D. Solo te doy el te si me dices la verdad.

10. Ponga acento escrito en las palabras que lo necesiten.
    A. Estos guias son muy buenos, pero aquellos son malisimos.
    B. Estos libros que compre son excelentes, pero esos que me diste no me gustan.
    C. Esta mision en Santa Barbara es preciosa, pero aquella en Nuevo Mexico es fea.

11. Subraye los diptongos y los hiatos en las siguientes palabras. Márquelos con una **d** o una **h**.

    1. abuela   2. tía   3. aeropuerto   4. buen

    5. reaparecer   6. cuatro   7. oeste   8. héroe

    9. buitre   10. miedo   11. iría   12. hiato

12. Rellene los espacios en blanco con la palabra correspondiente.

En español las palabras que tienen una sola letra se llaman_____ pero las que tienen una sola sílaba se llaman _____

Las palabras que tienen dos sílabas se llaman _____ y las que tienen tres sílabas son_____

Las palabras o frases que se escriben igual de izquierda a derecha que de derecha a izquierda se llaman _____

Los _____son la combinación de dos vocales débiles o de una vocal débil con una fuerte.

Un _____es la combinación de dos vocales fuertes juntas en una palabra.

LOS COGNADOS

Un cognado es una palabra que se escribe igual en inglés y español (cognado exacto) o una palabra que se escribe casi igual en inglés y en español (cognado semi-exacto).

Ejemplos de cognados exactos:

Inglés	Español
hotel	hotel
dilema	dilema

Ejemplos de cognados semi-exactos:

Inglés	Español
problem	proble ma
distritct	dist rito

Un cognado falso es una palabra muy parecida ortográficamente en inglés y en español pero que poseen significados diferentes.

Ejemplos:

Embarazada_____pregnant

Embarrassed_____Ashamed

Es bastante común cometer errores ortográficos en los cognados semi-exactos, por lo tanto es importante poner especial atención a estas palabras.

EJERCICIO DE PRÁCTICA.

Traduzca las palabras en paréntesis al español.

a) Ella me desea (to accuse) _____de haber r obado mucho dinero.

b) Hay muchas palabras en español que tienen (accent) _____escrito.

c) Juan no quiere (accept) _____ayuda de n adie estos días.

d) Mi hermano Miguel siempre es muy (punctual) _____.

e) Elena y yo escuchamos la (orchestra) _____Nacional de Berlín.

f) Jorge tiene un (character)_____muy extr overtido.

g) Yo le tengo mucho (respect)_____a mi madre.

h) Mi novio siempre me (accompany)_____al trabajo por las tardes.

i) _____Nuestra (subject) _____favorita en la escuela e la (chemistry).

j) Los dinosaurios ya están (extinct) _____.

k) Mi (instinct) _____me dice que debería estudiar más.

l) Esta empresa me ha ofrecido un (contract) _____de tres meses.

m) Este viaje es una gran (opportunity) _____para conocer España.

n) La mala noticia me ha quitado el (appetite) _____por completo.

o) Es muy (common) _____estar nervioso antes de un examen.

p) Siempre me ha gustado estudiar (grammar)_____

q) Me da (immense) _____alegría que estés a quí.

CAPÍTULO 2

FRIDA KAHLO (1907-1954)*

Frida Kahlo es, sin duda, una de las pintoras más e xtraordinarias de nuestra era. Su pasión, sus ganas de vivir y su visión artística continúan convirtiéndola, generación tras generación en una de las pintoras más importantes del arte contemporáneo.

La casa donde nació es la misma que, tras su muerte, se convertiría en el museo Frida Kahlo. A la entrada del museo, encontramos un cartel que dice "Aquí nació Frida Kahlo el 7 de julio de 1910". Lo cierto es que su partida de nacimiento indica que la fecha exacta de su llegada al mundo fue el 6 de julio de 1907. Frida no quiso que sus compañeros de clase supieran que era mayor que ellos, por eso en 1922, cuando ingresa en la Escuela Preparatoria Nacional, cambió la fecha. Por otro lado, existe la posibilidad de que Frida escogiera el año 1910 debido a que fue entonces cuando comenzó la revolución mexicana.

Su padre, Guillermo Kahlo era judío originalmente de Hungría. Siendo él muy joven se mudó con su familia a Alemania de donde se marchó a México a los 19 años en busca de una vida mejor. En 1894 se casó con una mujer de ascendencia india que falleció al dar a luz a su segunda hija. Fue poco después cuando Guillermo comenzó su relación amorosa con Matilda Calderón y González a la que conoció en la joyería donde ambos trabajaban y con quien se casaría en 1898. No gustándole a Matilda el papel de madrastra, no tardó en mandar a las dos hijas de Guillermo a una escuela-convento en cuanto las chiquillas habían madurado lo suficiente.

Gracias a la ayuda del padre de Matilda, Antonio Calderón, Guillermo deja la joyería y comienza con cierto éxito su carrera como fotógrafo.

Del segundo matrimonio nacerían 4 hijas: Matilde, Adriana, Frida y Cristina. De todas ellas era Frida la favorita de su padre. Sobre Guillermo y Matilda siempre afirmó Frida que poseía los ojos de su padre y el cuerpo de su madre.

Frida se rebeló siempre contra el tradicionalismo y catolicismo de su madre. Sin embargo, el cariño que le tenía a su padre aparece reflejado en el retrato que de él pintó en 1952, 11 años después de su muerte. En su dedicatoria, la hija predilecta <u>subraya</u> la inteligencia y la valentía de su padre quien, durante 60 años fue epi léptico y no dejó que esto le impidiera continuar con su trabajo y disfrutar la vida. Cuando Frida era niña y su padre sufría ataques epilépticos, la sacaban del cuarto sin explicarle nada. Más adelante, Frida acompañó a su padre en sus expediciones fotográficas y lo ayudó en innumerables ocasiones durante sus ataques y desmayos. Frida lo adoraba y veía en él un ejemplo excepcional de cariño y tesón. Todo esto ayudó a la pintora durante sus convalecencias, ya que Guillermo la comprendía como ninguna otra persona.

A los 6 años de edad Frida contrae poleo, enfermedad que le hizo sufrir durante meses y la cual dejó a la artista con una pierna más corta y más delgada que la otra. Esto no perturbó, sin embargo, la visión estética y el deseo de vivir de Frida, quien en 1922 ingresa en la Escuela Preparatoria Nacional en la ciudad de México . Es precisamente en esta época cuando Frida conoce al famoso pintor Diego Rivera.

A los 18 años de edad, Frida era una muchacha bella de llamativo cabello azabache. No obstante, su vestimenta masculina -poco normal en el México católico de principios del siglo XX- fue causa de críticas frecuentes. Durante ese mismo año, el 17 de septiembre de 1925 la joven, acompañada de su novio Alejandro Gómez Arias, sufre un accidente que le costaría años de dolor y de sufrimiento. El autobús en el que viajaban chocó con un <u>tranvía</u> partiéndose en dos. El novio y amante de Frida, Alejandro, tan sólo <u>aturdido</u>, sale gateando de debajo del autobús con algún que otro moratón. Al buscar a su compañera, la encuentra casi sin ropa, con el cuerpo cubierto de sangre y de púrpura dorada que algún pasajero llevaba en la mano. Una sección de la barandilla metálica del autobús le penetró el cuerpo hiriéndola gravemente con tres fracturas en la pelvis y 3 rupturas en la columna vertebral. Cuenta la historia que, tras la colisión, la muchacha se hallaba tumbada, con los ojos abiertos y anonadada sin darse cuenta de la seriedad de sus heridas.

Si bien muchos temieron lo peor, lo cierto es que sobrevivió el accidente para padecer años de interminables operaciones y de dolor insoportable. El tiempo que pasó sola en la cama, y esa introspección forzada hicieron que surgieran de su arte innumerables retratos. La pasión que emana de estos autorretratos, meticulosamente o bservados y trabajados, provienen de la innegable pasión y de la visión artística de Frida.

Algunas semanas más tarde, su madre Matilda le compra un <u>caballete</u> especial para que su hija pudiera pintar desde la cama, e instala un esp ejo en el techo. Frida enfoca entonces su energía en el arte y en 1926 pinta sus primeros retratos familiares -que incluyen, además algún auto retrato-.

El mismo año que Frida pinta un retrato de su hermana Cristina, conoce a Diego Rivera, y en 1928 comienza el romance entre los dos artistas. Frida admiró a Diego desde antes de que se conocieran. De hecho, en su primer encuentro, Frida le pidió al pintor que evaluara sus cuadros. Diego le respondió que se fuera a su casa y que el domingo próximo él iría a verlos. Fue entonces, tras esta primera reunión, cuando Diego declaró que su futura esposa sí tenía talento.

A Guillermo no pareció molestarle la relación sentimental de su hija, pero su madre criticó con frecuencia la diferencia de edad entre Diego y Frida. De hecho, calificó esta unión como la boda entre un elefante y una paloma. La ceremonia tuvo lugar el 21 de agosto de 1929 y fue oficiada por el alcalde de Coyoacán. El único familiar presente fue su padre Guillermo. Tras ésta tuvo lugar una fiesta en la que, según recuenta la propia novia, Rivera se emborrachó con tequila y aterrorizó a los invitados al tener en sus manos un revólver. Fue entonces cuando Frida se marchó a su casa y esperó a que se le pasara la borrachera a su marido y pidiera perdón.

Al casarse con Diego, Frida abrazó el folclore mexicano. Cosa evidente tanto en su forma de vestir como en su arte y pintó varios cuadros de niños indígenas siguiendo el ejemplo de su esposo.

En 1932 la pareja viaja a Detroit. La repulsión que Estados Unidos le produce a la artista emerge en algunos de sus cuadros. Uno de sus autorretratos más importantes -autorretrato en la frontera entre México y los Estados Unidos- lo hace durante su <u>estancia</u> en esta ciudad. Para Frida, las cosas mecánicas (y Detroit estaba lleno de ellas) significaron siempre mala suerte y dolor.

Frida estuvo embarazada por lo menos 3 veces, pero su pelvis fracturada le causaría abortos espontáneos. El <u>aborto</u> que tuvo en Detroit fue quizá el que más daño físico y emocional le causaría. La joven expresaría una vez más sus emociones a través de su arte. Diego le proporcionó los materiales necesarios y durante su estancia en el Hospital Ford pintó cuadros y retablos sobre el tema.

La pintura fue para Frida el substituto frecuente de su fracasada maternidad. En sus lienzos los monos y las águilas simbolizaron siempre la fertilidad y la promiscuidad. Frida trató a los hijos de su hermana Cristina como si fueran los suyos.

En 1933 se traslada a Nueva York con Diego. Es aquí donde Diego pintaría el mural del centro Rockefeller que tanta controversia causaría. Kahlo detesta su estancia en esta ciudad, sentimiento que expresa en su cuadro "mi ves tido cuelga ahí". Frida consigue convencer a Diego de que regresaran a su amado México , pero tras abandonar los Estados Unidos Rivera estaba desconsolado, ya que quería continuar pintando murales en los lugares donde él pensaba que iba a ocurrir la revolución industrial.

Es posible que, a modo de venganza, fuera este el motivo por el cual, en 1934 Rivera comenzara una relación amorosa con la hermana menor de Frida -Cristina-. Esta relación causaría que a Frida se le viniera el mundo encima. De hecho ésta declaró que en su vida había tenido dos accidentes: Uno fue de tráfico, el otro fue Diego. A raíz de este incidente la pareja se separa brevemente y pocos meses después Kahlo y Rivera decidirían tener un "matrimonio abierto" en el que ambos tendrían plena libertad para tener otras relaciones. Como consecuencia, y quizá queriendo causar Frida el mismo daño que su marido le había causado, la artista tuvo relaciones, entre otros, con Noguchi y con el muralista Ignacio Aguirre. Posteriormente, en 1937 el exiliado líder revolucionario socialista Leon Trotsky llega a México y tiene amoríos con Frida. Es él precisamente quien la anima a continuar pintando.

Durante los próximos años Frida se concentraría en el arte que tantas veces la había ya consolado. En 1938 Se exhiben sus cuadros en la universidad de México y en la galería Julien Levy en Nueva York. En 1939 participa en una exhib ición surrealista en París y el museo Leuvre compra algunos de sus cuadros. Fue precisamente durante este año cuando Frida y Diego se divorcian tras una serie de traiciones sentimentales mutuas. En 1940 se volverían a casar y durante esos meses el cuadro "Las dos Fridas" Y "La mesa herida" aparece en la ciudad de México en una exhibición de arte surrealista. En 1943 Kahlo expone su trabajo en varias galerías importantes de su país y comienza a enseñar en la Escuela Nacional de Pintura y Escultura. Su trabajo de profesora de arte fue uno de los que más disfrutó pues la artista detestaba desperdiciar talento y se llenaba de energía al estar rodeada de jóvenes pintores. Fue éste uno de los puestos que más satisfacción le trajo a Kahlo, pero los constantes viajes a la ciudad que éste le requería se le iban haciendo más y más difíciles debido a su paulatino deterioro físico.

Tras años de dolor y enfermedad, Frida contrae gangrena y los doctores le amputan la pierna derecha. Tras esta operación pierde energía y le es casi imposible levantar la moral. Cuando regresa a casa del hospital no quería hablar con nadie y, ni la pintura, que en tantas ocasiones la había consolado, fue capaz de levantarle el ánimo.

A Diego siempre le costó trabajo ver a su esposa en tales condiciones, y como de costumbre en situaciones similares, se marchó de casa sin regresar durante días.

El 2 de julio de 1954 hubo una importante manifesta ción en la ciudad de México para protestar la intervención militar de los Estados Unidos en Guatemala, y Frida, cuya pasión política fue parte de su ser durante años, participó en ella. Su marido la acompañó y empujó su silla de ruedas. Tras la manifestación Frida regresó a casa más débil que nunca y con fiebre.

Cuatro días más tarde Frida cumplió 47 años. Poco tiempo después celebró su aniversario y tras obsequiar a su esposo con un elegante anillo, se retiró para dormir. A la mañana siguiente, el 13 de julio de 1954 amanece muerta en su casa azul.

Si bien el certificado de defunción indica que Frida murió de un embolismo pulmonar, lo cierto es que había intentado suicidarse con anterioridad, con lo que la duda sobre la causa real de su fallecimiento siempre quedó abierta.

Centenares de personas fueron a ver su cadáver en la capilla ardiente que había sido instalada en el Palacio de Artes Finas de la ciudad de México. Frida Kahlo había dejado estipulado que su cuerpo fuera quemado tras su muerte. La artista había pasado toda su vida sofocada por un corsé médico para soportar su frágil columna. Con un sarcasmo que había llegado a ser característico suyo, Frida declaró que no podía aguantar la idea de pasar una eternidad sofocada entre los maderos de un ataúd.

Diego llevó después las cenizas a la Casa Azul, la cual donó a la ciudad y es aquí donde, en 1958, se abrió el museo Frida Kahlo.

* Se le recomiendan al estudiante las siguientes lecturas adicionales sobre este gran personaje del arte mexicano:

- Herrera, Hayden. Frida kahlo: The paintings. New York: Harper Collins, 1993.
- Herrera, Hayden. Frida: A Biography of Frida Kahlo. New York: Harper Collins, 1991.
- Garza, Hedda. Frida Kahlo. Hispanics of Achievement. Chelsea House Publishers. New York, 1994.

VOCABULARIO

Busque en el diccionario el significado de las siguientes palabras en la lectura. Después escriba una frase que incluya dicha palabra o expresión.

Dar a luz

_____
_____
_____
_____

Madrastra

_____
_____
_____
_____

Subrayar

_____
_____
_____
_____

Tranvía

_____
_____
_____
_____

Aturdido

_____
_____
_____
_____

Caballete

_____
_____
_____
_____

Estancia

_____
_____
_____
_____

Aborto

_____
_____
_____
_____

Deterioro

_____
_____
_____
_____

EJERCICIOS SOBRE LA LECTURA

1. Indique, después de hacer la lectura sobre Frida Kahlo, si las siguientes frases son ciertas o falsas. Corrija las que sean falsas.

    a) Las ganas de vivir, y su pasión artística continúan convirtiendo a Frida Kahlo en una de las pintoras más importantes del arte medieval mexicano.

    _____

b) La partida de nacimiento de Frida Kahlo no indica la fecha exacta de su llegada a este mundo._____

c) El padre de Frida Kahlo, Guillermo, era judío originalmente de Hungría.

_____

d) En 1894, Guillermo se casó con una mujer de ascendencia india que falleció de cáncer._____

e) Después de trabajar como fotógrafo, Guillermo empieza a trabajar en una joyería._____

f) Del segundo matrimonio de Guillermo nacen dos hijos y tres hijas de las cuales Cristina era la favorita._____

g) Frida siempre se reveló contra el tradicionalismo de su padre.

_____

h) Guillermo Kahlo sufrió epilepsia durante años.

_____

i) A los diez años de edad, Frida contrae meningitis. Esta enfermedad dejó a la artista con una pierna más corta y delgada que la otra.

_____

j) A los dieciocho años, Frida era una muchacha bella que vestía de forma sutil y muy femenina._____

k) El diecisiete de septiembre de 1925 Frida sufre un accidente de tranvía.

_____

l) El mismo año en que Frida conoce a Diego Rivera (1928), ésta pinta un retrato de su padre._____

m) A la madre de Frida no le molestó la relación de su hija con Diego Rivera, pero su padre criticó duramente la diferencia de edad._____

n) En 1932 Frida y Diego viajan a Detroit._____

o) De acuerdo con la lectura, Frida estuvo embarazada dos veces.

p) En 1933 Diego pinta un mural en el centro Rockefeller.

q) En 1934, Diego Rivera comienza una relación amorosa con Cristina, la hermana mayor de Frida.

r) En 1938 se exhiben los cuadros de Frida en la universidad de México.

s) En 1952 Frida pinta el cuadro "Las Dos Fridas".

t) Los doctores tuvieron que amputar la pierna derecha de Frida por un problema de gangrena.

u) Frida amanece muerta en su casa el día después de su aniversario de boda en 1954.

2. De acuerdo con la lectura, ¿qué eventos importantes ocurren en la vida de Frida Kahlo en las siguientes fechas?

- 1894

- 1898

- 1907

- 1922

- 1925

- 1926

- 1928

- 1929

- 1932

_____

- 1933

_____

- 1934

_____

- 1937

_____

- 1938

_____

- 1939

_____

- 1940

_____

- 1943

_____

- 1952

_____

- 1954

_____

- 1958

_____

3. Busque en la biblioteca o en el internet una fotografía del cuadro "auto retrato en la frontera entre México y los Estados Unidos" (1932) y explique cómo muestra en él Frida su pasión por México y su claro aborrecimiento por los Estados Unidos. Escriba un mínimo de 15 líneas dando detalles.

_____
_____
_____
_____
_____
_____
_____
_____
_____
_____
_____
_____
_____
_____

_____
_____
_____
_____
_____
_____
_____
_____
_____
_____
_____
_____
_____
_____
_____
_____
_____
_____

ORTOGRAFÍA

EL USO DE LAS MAYÚSCULAS EN ESPAÑOL.

La letra mayúscula es de mayor tamaño que la minúscula y, frecuentemente, aparece con forma diferente a la minúscula. En español las letras mayúsculas son las siguientes:

A B C D E F G H I J K L M N Ñ O P Q R S T U V W X Y Z

Es importante tener en cuenta que, por regla general, el inglés utiliza las letras mayúsculas con más frecuencia que el español. Por ejemplo, en inglés se escriben con mayúscula los días de la semana, los meses y las estaciones del año, los nombres de las lenguas y las nacionalidades, sin embargo en español estos vocablos se escriben con minúscula.

En español se escribe con letra inicial mayúscula:

1. La primera letra de un texto o la primera letra después de un punto.
   Ej. **E**lla vino aquí. **E**ntonces Juan la miró.

2. La palabra que viene a continuación de los punto s suspensivos.
   Ej. Creo que ella **N**o, ella no comerá con nosotros.

3. La palabra que sigue a un signo de cierre de inter rogación (?) o de admiración (!).
   Ej. ¿Cómo? **N**o, ella no tiene dinero. Ej. ¡Ven aquí! Dijo Juan.

4. La palabra que sigue a los dos puntos siempre y cuando se siga la fórmula de encabezamiento de una carta o documento, o reproduzca palabras textuales.
   Ej. Estimada Elena: Le remito esta carta para solicitar etc.
   Ej. Jorge declaró: "**T**engo muchas ganas de aprender."

5. Se escriben con mayúscula los nombres de personas o animales. Ejemplos: María, **F**ernando, **C**ristina, **P**latero, **R**ocinante etc.

6. Los nombres geográficos. Ejemplos: **B**uenos **A**ires, **L**os **Á**ngeles, **G**uatemala, **P**uerto **R**ico…etc.

7. Los apellidos y los nombres de dinastías. Ejemplos: **P**érez, **V**arela, **S**mith, **L**os **B**orbones, **L**os **T**rastámara, etc.

8. Los nombres de estrellas, planetas, astros y constelaciones. Ejemplo: El **S**ol ilumina la **T**ierra todos los días.

9. Los nombres de los signos del Zodíaco y los nombres que designan cada signo. Por ejemplo: **G**emelos (**G**éminis), **L**eón (**L**eo), etc.

    Es importante notar, por otro lado, que si los nombres de los signos se usan para designar a una persona nacida bajo ese signo, entonces se escribirá con minúscula. Por ejemplo: Jorge es **c**apricornio.

10. Los nombres de los puntos cardinales (Norte, Sur, Este, Oeste) cuando nos referimos a ellos explícitamente. Por ejemplo: Juan quiere que yo vaya al **S**ur. Sin embargo: San Diego está al sur de San Francisco.

11. Los nombres de festividades, tanto civiles como religiosas: Día de la Independencia, Navidad, Año Nuevo...etc.

12. Los nombres de los libros sagrados: **L**a **B**iblia, **C**orán, **A**vesta...etc.

13. Los nombres de dioses o atributos divinos referidos a Dios y los nombres de las órdenes religiosas. Por ejemplo: **D**ios, **L**a **V**irgen **M**aría, **B**uda, **E**l **T**odopoderoso, **J**esuitas, **C**armelitas...etc.

14. Los nombres de las marcas comerciales. Por ejemplo: **F**anta, **K**leenex, **V**iking, etc.

15. Los apodos de personas. Por ejemplo: El Sabio (para el rey Alfonso X), La Collares (Para la bailadora de flamenco Lola Flores)...etc.

16. Los tratamientos, ya sea la palabra completa o por abreviatura. Ejemplos: Su Majestad, Su Excelencia...etc.

17. Los nombres y adjetivos que constituyen el nombre de entidades, organismos, partidos políticos o instituciones. Por ejemplo: El Reino, El Partido Republicano, La Universidad Autónoma...etc.

18. La primera letra del título de cualquier obra. Los tres cerditos, Blanca nieves...etc. Sin embargo, cuando se trata de colecciones o publicaciones periódicas, se escriben con mayúscula todos los sustantivos y adjetivos. Por ejemplo: Nueva Revista de Filología Hispana.

19. Los nombres de todas las disciplinas. Por ejemplo: Matemáticas, Ciencias, Economía, etc.

20. La primera letra de los nombres de especies vivas (de animales o plantas).

21. Los nombres de conceptos absolutos. Por ejemplo: La Paz, la Justicia...etc.

22. Los nombres de las épocas, movimientos religiosos, fechas cronológicas o movimientos políticos y/o culturales: La Antigüedad, Edad Media...etc.

23. Los pronombres como „Yo, Tú y Ella" cuando se refieren a divinidades.

24. Los conceptos religiosos. Por ejemplo: El Cielo, el Infierno, el Purgatorio. Pero si éstos se usan para describir otras palabras entonces se escriben con minúscula. Por ejemplo: Miguel es un cielo, esa casa es un infierno.

25. Los nombres de títulos o cargos siempre y cuando éstos no vayan acompañados del nombre propio al que pertenecen. Por ejemplo: Duque, Marqués, Rey...etc. Sin embargo se escribe: El rey Juan Carlos, el marqués de Santillana, el duque de Rivas...etc.

EJERCICIOS

1. Rescriba el siguiente párrafo cambiando las minúsculas por mayúsculas cuando sea necesario de acuerdo con las reglas que acaba de aprender.
   juan y maría fueron a madrid por cinco días. el presidente los había invitado para celebrar allí la navidad, quizá la fiesta más importante en españa. posteriormente viajaron a santiago de compostela, es allí donde se dice que está enterrado el apóstol. de hecho, la biblia habla varias veces de él. maría es española, pero no había viajado a españa desde hacía años. a ella le encanta la historia, y por eso le gusta regresar a su país. la edad media es quizá su favorita.

2. Rellene los espacios en blanco con la letra mayúscula o minúscula que corresponda:

A. _____enélope_____ruz no es_____cuatoriana, es de_____spaña.

B. _____i cumpleaños es el 2 de _____bril, que es en la _____rimavera.

C. _____ernando es _____édico y trabaja en el_____ospital _____enry
_____ord.

D. _____o estudio _____lemán porque prefiero el _____rancés.

E. _____eorge_____ashington fue un _____eneral que llegó a ser
_____residente de los_____stados_____nidos.

F. _____e encantaría leer "ien _____ños de _____oledad"
de_____abriel_____arcía_____árquez.

GRAMÁTICA

LOS ARTÍCULOS.

Los artículos definidos: Los artículos definidos siempre preceden al sustantivo o nombre y sirve para señalar el número y género del sustantivo.

ARTÍCULOS DEFINIDOS

El artículo neutro„lo" no va delante de un sustantivo, sino de un adjetivo y se utiliza para referirse a conceptos abstractos. Por ejemplo:

ARTICULOS DEINIDOS

	Femenino	Neutro	Masculino
Singular	la casa		el libro
		Lo	
Plural	las casas		Los libros

Lo interesante de esta película es el guión.

USOS DEL ARTÍCULO DEFINIDO.

1. Se usa el artículo definido para indicar el sentido general del sustantivo al que se refiere.

Por ejemplo:
- Me gustan **las** personas cómicas.
- **Los** hispanos son tradicionales.

2. Con nombres que se refieren a cosas generales.
Por ejemplo:
- **Los** estudios son muy importantes.
- **El** aire puro es saludable.

3. Reemplazando el adjetivo posesivo para referirnos a los artículos usados en el cuerpo o a partes del mismo.
Por ejemplo:
- Jorge se lava **el** pelo a diario.
- Norma se puso **la** falda.

4. Con títulos de personas.
Por ejemplo:
- **El** profesor llegó a las diez.
- **La** señorita Pérez no vino a clase.

5. Es importante tener en cuenta, no obstante, que el artículo se omite si nos dirigimos directamente a la persona.
Por ejemplo:
- Señor Martínez, ¿me puede decir qué hora es?

6. Tampoco se utiliza el artículo definido con títulos cuando se usa el adjetivo posesivo.
Por ejemplo:
- **El** primo de Juan estuvo en mi casa.
- **Mi** primo estuvo en mi casa.

7. No se usa el artículo definido para hacer referencias a Reyes ni a papas.
Por ejemplo:
- Isabel la Católica.
- Alfonso Décimo el Sabio.

- Juan Pablo Segundo.

8. Se utiliza el artículo definido con los siguientes nombres de lugares:

la argentina	el Ecuador	el Japón	el Perú
el Brasil	la Habana	el Panamá	el Salvador
el Canadá	la Haya	el Paraguay	el Uruguay

9. Con un lugar geográfico modificado.
   Por ejemplo.
   - **La** España medieval.
   - **El** México colonial.
   - **El** Buenos Aires peronista.

10. Para indicar cuando un evento tiene lugar.
    Por ejemplo:
    - **La** fiesta es el sábado.
    - **La** clase es los martes a las cuatro.

11. Con los nombres de lenguas, pero nunca después de las preposiciones **de**, **ni** y **en**. Tampoco se utiliza generalmente después de los verbos escribir, leer, hablar ni entender.
    Por ejemplo:
    - Yo soy estudiante de chino e n esta clase.
    - **El** francés es una lengua fascinante.
    - Entiendo italiano, pero me d a miedo hablarlo.

12. Con los nombres de comidas, calles, ríos, lagos, montañas y puntos cardinales.
    Por ejemplo:
    - Me encantan **los** camarones.
    - Me gusta más **el** norte que **el** sur.

EJERCICIOS.

1. Traduzca al español las siguientes frases. Después subraye los artículos definidos de cada frase.

a) I wash my hands every day.

_____

b) Poverty in Argentina is increasing.

_____

c) The French teacher is very strict.

_____

d) The good thing about this book is that it is very entertaining.

_____

e) On Mondays and Wednesdays I go to the university.

_____

f) Naranjo street is very long.

_____

g) What I liked the most was Moorish Spain.

_____

h) The most interesting king of Europe is Juan Carlos.

_____

i) My friend is from China.

_____

j) Cubans are usually very happy people.

_____

k) I like seafood very much.

_____

LOS ARTÍCULOS INDEFINIDOS.

Si bien el artículo definido sirve para hacer referencia a un sustantivo conocido por el hablante (por ejemplo: yo quiero el libro"), el artículo indefinido se refiere, como su nombre indica, a un sustantivo no identificado por el hablante.

Así por ejemplo en la frase „quiero un libro", el hablante no se refiere a ninguno específico.

ARTÍCULOS INDEFINIDOS.

	Femenino	Masculino
Singular	**una** casa	**un** libro
Plural	**unas** casas	**unos** libros

USOS DEL ARTÍCULO INDEFINIDO.

1. El artículo indefinido se utiliza para hablar de cantidades aproximadas y también para referirse a partes dobles del cuerpo. Por ejemplo:
   - Quiero **unas** bananas maduras.
   - Tienes **unos** ojos preciosos.

2. En general el artículo indefinido se omite para indicar afiliaciones religiosas o políticas, nacionalidades y profesiones, pero se utiliza cuando va modificado por un adjetivo. Por ejemplo:
   - Ana es profesora.
   - Jorge es comunista.
   - Mis primos son católicos.

   Se dice, sin embargo:
   - Ana es **una** buena profesora.
   - Jorge es **un** comunista obsesivo.
   - Mis primos son **unos** católicos muy tradicionales.

EJERCICIOS.

Escriba las siguientes frases en español y después subraye los artículos indefinidos.

a) Juan is a Lawyer, but I think he is a terrible lawyer

_____

b) She has beautiful legs.

_____

c) Fernando had a very strange facial expression.

_____

d) My brothers are Republican.

_____

e) My brothers are Republican.

_____

f) Elsa us a very strict vegetarian.

_____

g) I wanted to buy some chocolates.

_____

h) Our friend is a Psychologist.

_____

LOS SUSTANTIVOS O NOMBRES

Un nombre es una palabra con la que se designa una persona, un lugar o un objeto físico, psíquico o ideal. Por ejemplo: Juan, Madrid, mesa, intención, fama, etc.

A) - EL GÉNERO DE LOS SUSTANTIVOS.

En español los sustantivos (o nombres) pueden ser masculinos o femeninos. Si una palabra es femenina, se dice que es de género femenino; si se trata de una palabra masculina se dice que es una palabra de género masculino.

Por lo general, los hispanohablantes saben instintivamente qué palabras son de género femenino o masculino, no obstante, nos parece importante que el estudiante comprenda las reglas que determinan el género de cada palabra para ensanchar los conocimientos gramaticales del español.

1. Generalmente, las palabras que terminan en -o son masculinas. Por ejemplo: el libro, el chico, el pino...etc. Excepciones: La mano, la radio, la foto y la moto.

2. Los seres de sexo masculino utilizan, para referirse a ellos, palabras masculinas. Por ejemplo: El hombre, el caballo, el puerco. Sin embargo: La mujer, la yegua, la gata...etc.

3. Generalmente, las palabras que terminan en -a so n femeninas. Por ejemplo: La casa, la computadora, la lámpara, la cama...etc. Excepciones: el mapa, el día y el águila.

   Por otro lado es necesario tener en cuenta que muchas de las palabras que terminan en -ma son de origen griego y son masculinas. Por ejemplo: El telegrama, el dilema, el drama, el síntoma etc.

4. Generalmente, las palabras que terminan en -ad, - ción, -sión, -ud y -umbre son femeninas. Por ejemplo: La libertad, la diversión, la dirección, la salud, la incertidumbre.

5. Muchos de los nombres que se refieren a animales, no distinguen su género. Por ejemplo: El lagarto, el rinoceronte, la jirafa...etc.

6. Hay algunas palabras que si bien pueden referirse a seres masculinos o femeninos, se escriben siempre con género femenino. Por ejemplo: La persona, la víctima...etc.

7. En el español existen palabras que cambian del masculino al femenino poniendo las terminaciones -isa, -ina, -esa, -triz. Por ejemplo: el actor, la actriz, el gallo, la gallina, el marqués, la marquesa.

8. Muchas de las palabras en español cambian del masculino al femenino cambiando la o por la a. Por ejemplo:
   - niño_____niña
   - puerco_____puerca
   - gato_____gata

9. Las palabras que terminan en -ista no cambian de género (tan sólo el artículo cambia). Por ejemplo:
   - el periodista_____la periodista
   - el dentist_____la dentist

10. Generalmente, las palabras que terminan en -e tampoco cambian de género.
    - el estudiante_____la estudiante
    - el cantante_____la cantante

11. Hay palabras en español que cambian de significado dependiendo de su género.

el radio	el suelo	el peso
la radio	la suela	la pesa
el cólera	el papa	el policía
la cólera	la papa	la policía
el cura	el frente	
la cura	la frente	
el tallo	el cuento	
la talla	la cuenta	
la capital	el modelo	
el capital	la modelo	
el guía	el orden	
la guía	la orden	
el pendiente	el moral	
la pendiente	la moral	

EJERCICIOS

1. Indique el género de cada palabra escribiendo una M para masculino o una F para femenino.

1. Libertad	5. Mano	9. Casa	13.Dilema
2. Oscuridad	6. Salud	10. Muchedumbre	14. Posesión
3. Moto	7.Cama	11.Día	15.Director
4. Dirección	8. Águila	12.Condesa	16. Hombre

2. Escriba oraciones que incluyan las siguientes palabras:
   - El tallo_____
   - La talla_____
   - El frente_____
   - La frente_____
   - El suelo_____
   - La suela_____
   - El papa_____
   - La papa_____
   - El policía_____
   - La policía_____
   - El orden_____
   - La orden_____
   - El guía_____
   - La guía_____
   - El peso_____
   - La pesa_____
   - El cuento_____
   - La cuenta_____

B) - EL NÚMERO DE LOS SUSTANTIVOS.

El número de una palabra nos indica si ésta es plural o singular. Por ejemplo, la palabra "libro" es de número singular, y la palabra "libros" es de número plural.

A la hora de pluralizar las palabras se han de tener en cuenta las siguientes reglas:

1. Cuando la forma singular de una palabra termina en vocal, se forma el plural simplemente añadiendo una "s". Por ejemplo: casa/casas   chico/chicos bebé/bebés

2. Cuando la forma singular termina en consonante o en vocal acentuada se añade la sílaba - es. Por ejemplo: canción/canciones   jabalí/jabalíes carácter/caracteres. Se exceptúa a esta regla, la é. Por ejemplo: bebé/bebés

3. Cuando una palabra termina en "s" y tiene el ace nto fonético en la penúltima o en la antepenúltima sílaba, entonces la palabra se pluraliza solamente cambiando el artículo. Por ejemplo: La sicosis/las sicosis el énfasis/los énfasis.

4. Cuando una palabra singular termina en "z", se pl uraliza agregando -es y cambiando la "z" por la "c". Por ejemplo: lápiz/lápices cáliz/cálices perdiz/perdices.

EJERCICIOS.

1. Escriba el plural de las siguientes palabras:

   a) Tamiz
   b) Computadora
   c) Pluma
   d) Voz
   e) Carmesí
   f) Tabú
   g) Marroquí
   h) Teléfono
   i) Guía
   j) Canción
   k) Disfraz

l) Niñera

m) Agua

n) Capataz

o) Albañil

p) Perdiz

q) Camaleón

r) Pared

s) Puerco

t) Tijera

u) Manta

v) Pantalla

w) Tornillo

LOS DIMINUTIVOS Y LOS AUMENTATIVOS.

A)- LOS DIMINUTIVOS.

Los diminutivos en español se utilizan para dar la impresión de que algo es pequeño o a modo afectivo. Son sufijos que se añaden a un sustantivo o a un adjetivo. Por ejemplo:

- A mí me gusta mucho Juanito.
- Pobrecita Ana, tiene poquito dinero.

Los diminutivos se forman agregando a la raíz del sustantivo o del adjetivo las terminaciones. Los sufijos diminutivos más comunes son:

-ito, -ita, -illo, illa, -cito, -cita, -cillo, -cilla, -ín, -ina, -ucho, ucha.

Por ejemplo: Carlos-Carlitos, Juan-Juanillo, actor-actorcillo, pastora-pastorcita, etc. Algunos diminutivos tienen carácter afectivo. Por ejemplo:

mamaíta   papaíto

mujercita   hombrecito

B)- *LOS AUMENTATIVOS.*

Los aumentativos son terminaciones que se usan en sustantivos o en adjetivos para dar la impresión de que algo o alguien es más grande o para ridiculizar algo o a alguien (en tal caso se llaman "despectivos"). Por ejemplo:

- Juan es un grandullón.
- Ella tiene un catarrazo.

Las terminaciones aumentativas son las siguientes:

-ón, -ona, -ote, -ota, -azo, -aza, -ullón, -ullona.

Por ejemplo: grande-grandullón, golpe-golpazo, perro-perrote, etc.

Algunos aumentativos tienen el género opuesto al sustantivo originario. Por ejemplo:

la botella   el botellón
la cuchara   el cucharón
la peña   el peñón

EJERCICIOS.

1. Escriba todos los diminutivos posibles para las siguientes palabras.

pez

armario

muchacha

caramel

prima

casa

libro

luz

mesa

lámpara

bosque

princesa

carne

coche

amiga

lago

linterna

papel

cruz

2. Ahora escriba todos los aumentativos posibles para las palabras del ejercicio anterior.

_____
_____
_____
_____
_____
_____
_____

PARA ESCRIBIR: LA BIOGRAFÍA.

Una biografía es una historia lo más detallada y lo más exacta posible sobre la vida de una persona. Si bien en una biografía las fechas son importantes a la hora de saber los acontecimientos en la vida de la persona sobre la que escribimos, es necesario incluir, además, datos que nos describan o nos den una idea de las emociones, personalidad, logros o situaciones de dicha persona.

Fíjese en la biografía de Frida Kahlo por ejemplo. Si bien se han incluido una serie de fechas importantes, el estudiante termina la lectura teniendo una clara imagen sobre la personalidad, el temperamento y los logros artísticos de la pintora.

Generalmente una biografía se organiza cronológicament e, es decir: comenzará con la fecha y lugar de nacimiento, pasando por los acontecimientos de su vida presentados por orden de ocurrencia llegando hasta la actualidad.

Es importante ser consciente de que una biografía no es una lista de las cosas que uno ha hecho en su vida, sino un ensayo que nos presente la vida de la persona sobre la que se escribe.

EJERCICIO.

1. Escriba un ensayo autobiográfico de una página que incluya por lo menos la siguiente información:

   - Fecha y lugar de nacimiento.
   - Detalles sobre su herencia cultural.
   - Lugar donde usted se crio.
   - Circunstancias familiares durante su niñez.
   - Dónde y cuándo asistió a la escuela.
   - Qué tipo de estudiante era usted.
   - Detalles importantes sobre su familia.
   - Sucesos importantes en su vida.
   - El desarrollo y la importancia del español en su vida y en la vida de su familia.
   - Metas profesionales y personales que desea usted alcanzar.

2. Entreviste a un compañero de clase. Prepare primero las preguntas que desea hacer (mínimo de 20). Recuerde que durante la entrevista podrá añadir más si lo desea. Después escriba un ensayo biográfico sobre esa persona incluyendo en él únicamente la información que usted crea pertinente.

REFRÁN.

"QUIEN A FEO AMA, BONITO LE PARECE"

Discuta el significado de este refrán en grupos y escriba después su significado. Imagine que su explicación va a aparecer en una revista.

_____
_____
_____
_____
_____
_____
_____
_____
_____
_____
_____
_____
_____
_____
_____
_____
_____
_____
_____
_____
_____
_____
_____
_____
_____
_____
_____
_____
_____
_____
_____
_____

VOCABULARIO ADICIONAL.

1. Empareje la siguientes palabras con su significado.

   - amputar_____   a. avanzar a cuatro patas.
   - gangrene_____   b. regalar.
   - dar a luz_____   c. entregar caritativamente.
   - deteriorar_____   d. cortar una extremidad del cuerpo.
   - azabache_____   e. empeorar.
   - gatear_____   f. arma de fuego.
   - revolver_____   g. tener un hijo.
   - obsequiar_____   h. mineral negro.
   - Donar_____   i. Obstrucción de la sangre.

2. Busque 5 palabras de este capítulo cuyo significado desconoce, hállelo en el diccionario y escríbalo aquí. Invente después una frase con cada uno de los términos.

   1.

   _____
   _____
   _____
   _____
   _____
   _____

   2.

   _____
   _____
   _____
   _____
   _____
   _____

   3.

   _____
   _____
   _____
   _____
   _____
   _____

4.

_____
_____
_____
_____
_____
_____
_____

5.

_____
_____
_____
_____
_____
_____

MÁS ALLÁ

DIEGO RIVERA (1886-1957).

Es imposible examinar la vida de Frida Kahlo sin realizar un bosquejo de la vida de Diego Rivera. De él se dice hoy que cambió el curso artístico de su nación y fue, sin duda, uno de los pintores más influenciantes del siglo XX.

Nació el 8 de diciembre de 1886, en el seno de una familia modesta en Guanajuato, México. Un muchacho precoz que comenzó a tomar clases de arte a los diez años de edad en la academia de San Carlos. Seis años más tarde, fue exp ulsado por haber participado en una huelga estudiantil.

En 1907, Rivera recibe una beca del Secretario de E ducación Justo Sierra que le permite ingresar en el taller de Eduardo Chicharro de Madrid. Durante su estancia en España, el pintor viaja con frecuencia a Francia y a México, donde se relacionó con intelectuales como Alfonso Reyes, Pablo Picasso y Ramón del Valle-Inclán.

En 1916 tiene un hijo con su primera esposa, la pintora rusa Angelina Beloff.

En 1919 Tiene una hija con Marie Marevna Vorobev-Stebelska, con la que nunca se casaría.

En 1922 Ingresa el artista al Partido Comunista Mexic ano y comienza su producción muralista por todo México, la cual se presenta impregnada de su nacionalismo y de sus ideales políticos.

En 1922 se casa con Lupe Marín, quien le daría dos hijas: Lupe y Ruth. Su segundo matrimonio no duraría tampoco. En 1927 se divorcia para contraer nupcias, dos años más tarde, con la pintora mexicana Frida Kahlo.

EJERCICIO.

Busque, en el internet, un mural o cuadro de Diego Rivera que muestre sus inquietudes políticas. Imprima una copia de ese cuadro o mural y escriba después un ensayo de una página explicando de qué manera expresa el pintor sus ideales comunistas.

_____
_____
_____
_____
_____
_____
_____
_____
_____
_____
_____
_____
_____
_____
_____
_____
_____
_____
_____
_____
_____
_____
_____
_____
_____
_____
_____
_____
_____
_____

EJERCICIOS DE REPASO.

1. Rellene los espacios en blanco con la letra mayúscula o minúscula que corresponda.

A. _____erald _____ord fue un gran presidente en _____st ados _____nidos.

B. _____is amigos dicen _____ue _____uan es _____rgentino .

C. _____na estudia _____spañol pero no le gusta el _____rancés.

D. _____ernando nació el 3 de _____bril de 1980.

E. _____a_____az es imprescindible en _____l _____undo.

2. Indique el género de cada palabra poniendo una F delante de las palabras femeninas y una M delante de las palabras masculinas.

    1. Ambigüedad_____   2. Hermandad _____ 3.Seducción _____

    4. Tema _____   5. Actriz _____   6. Mano _____

    7. Perro _____   8. Lápiz _____   9. Mujer _____

3. Escriba el plural de las siguientes palabras.
    A. El cáliz _____
    B. Un toro _____
    C. El iraní _____
    D. Un tapiz _____
    E. La chica_____
    F. El reloj _____

4. En el siguiente párrafo corrija las faltas de ortografía relacionadas con el uso correcto de las mayúsculas en español.
    cuando fernando fue a gualadajara, encontró al rey de españa sentado en las escaleras del palacio de la ciudad. su primo juan le había advert ido que es bastante común encontrar al rey en lugares donde uno nunca esperaría encontrar a un miembro de la nobleza. de hecho, durante la edad media estas cosas no ocurrían. cuando pasó aquello era noche buena y fernando lo vio como un regalo perfecto de navidad.

CAPÍTULO 3

FRAY JUNÍPERO SERRA (1713-1784)

Fray Junípero Serra es uno de los <u>ejes</u> principales en el mecanismo que puso en marcha el desarrollo cultural social y religioso en California en el siglo XVIII. Prueba de ello es el honor que se le presta hoy con la presencia de su estatua en la galería de la fama del capitolio de Washington D.C. Sus contribuciones a la historia de nuestro país hacen imperativo el estudio de su trayectoria cronológica en la orden franciscana.

Nace Miguel José Serra Ferrer en la villa de Petra, en la isla de Palma de Mayorca, España, el 24 de noviembre de 1713. Era el tercer hijo de una familia humilde en la que creció, desde una edad muy temprana, con problemas de salud.

En 1731 ingresa en el convento franciscano de la isla y cambia su nombre al de Junípero inspirado por sus lecturas sobre este personaje. En el convento, Junípero ayudó devotamente en las misas, pero su débil salud le impidió, muy a pesar suyo, ejercer los trabajos más duros de la tierra. Entre 1731 y 1734 realiza estudios doctorales en teología, y entre 1734 y 1749 <u>impartió</u> clases en la Universidad de Palma.

Ya durante sus estudios y su trabajo de licenciatura, comprendió, Fray Junípero, la importancia de la predicación, a la que se dedicó siempre con esmero.

En agosto de 1749, tras despedirse de sus padres, ya muy ancianos, sale desde el puerto de Cádiz rumbo al nuevo mundo para evangelizar a los nativos del continente. Tras predicar por algún tiempo en San Juan de Puerto Rico, llega a Veracruz, desde donde decide, voluntariamente, hacer la trayectoria a pie hasta la ciudad de México. Este sacrificio le creó dolencias en una pierna que le acompañarían hasta el final de sus días.

En 1750 el padre Serra parte, junto con su colega y amigo mallorquín, Fray Francisco Palou, hacia la Sierra Madre Oriental, un lugar remoto donde vivían los indígenas Otomíes y donde se encontraban ya 5 misiones franciscanas: la Purísima Concepción, Xalpán, Nuestra Señora de la Luz, San Miguel y San Francisco.

La devoción y sabiduría de Serra, hacen que un año más tarde fuera elegido presidente de las 5 misiones, puesto que aceptó con entusiasmo. Se dedicó con pasión a aprender y perfeccionar la lengua indígena del lugar, a predicar el evangelio, a bautizar a todos los indios y a inculcar entre esos pueblos el honor del trabajo diario.

A los pocos años, en 1759, Junípero Serra y Francisco Palou reciben la orden de salir para una peligrosa misión cerca del río San Sabá donde los indios apaches habían decapitado y asesinado a varios misioneros, pero al poco tiempo, el virrey de la Nueva España les impide el viaje por miedo a la <u>precariedad</u> de la zona. Desde 1759 hasta 1768 permanecen pues, los dos religiosos, en México donde Serra ayudó a doctrinar a sacerdotes nuevos.

Tras la expulsión de los Jesuitas en 1767, 45 franciscanos forman una expedición hacia California y en 1768 desembarcan en Loreto, que había constituido el eje de las operaciones jesuitas hasta entonces. A continuación conoce Serra a Gálvez, importante figura política, en Santa Ana y se hacen grandes amigos. Estaban ambo s de acuerdo en que imperaba la necesidad de crear nuevas misiones que abarcaran la ciudad de San Diego y la península de Monterrey para establecer los cimientos de la evangelización de California. Con este fin se establecieron cuatro expediciones -2 por mar y dos por tierra- que llevarían ganado, semillas y enseres. Los religiosos fueron acompañados y protegidos por los soldados de Gálvez.

La primera misión que fundó fray Junípero fue la de San Fernando de Vellicatá. Si bien sus dolencias del pie incrementaban, no le faltaron ni el valor ni las ganas para salir hacia San Diego. Durante sus viajes siempre divisaba Serra a indios en la lejanía que sólo de cuando en cuando se le acercaban: generalmente amigables y con obsequios, pero a veces con hostilidad.

El 1 de junio de 1769 llega la expedición de Fray Junípero a San Diego, donde comenzaron la construcción de la misión que se inauguraría el 16 de julio con una misa. Al mes siguiente los indios atacaron la misión y muchos resultaron heridos. Pese a las diferencias sociales y a las dificultades que las distintas lenguas ofrecían para la comunicación, varios indios acabaron acercándose para que les curaran sus heridas.

En 1770 llega Serra a la península de Monterrey y funda la misión de San Carlos el 3 de junio, donde permanecería durante 14 años. Al final de su tercer año había ya conseguido bautizar a 165 indígenas, y al morir Serra, la cantidad había ascendido a 1.014. Tras la de San Carlos, se fundaron las misiones de San Gabriel, San Antonio de Padua y San Luis Obispo. Ya para entonces el dominio de la corona española y la subsecuente evangelización se había extendido más de 1.200 kilómetros.

El padre Palau se encargaba de evangelizar la baja California, y con 10 franciscanos bajo su mando, el padre Serra se ocupó de la alta California. En 1773 los franciscanos cedieron a los dominicos todas las misiones de la baja California, con lo que el padre Palau se hizo parte, una vez más, del equipo evangelizador de Fray Junípero.

El apoyo del comandante Fagés a las misiones disminuyó considerablemente y Serra, preocupado por el futuro de lo que había construido con tantísimo esfuerzo, va a México en 1773 para implorar al Virrey que continuase apoyándole en tan digna y pía misión. Sus esfuerzos dieron fruto y Bucarelli, inspirado por la fe y el tesón sin límites del franciscano, no sólo le ofreció su apoyo, sino que autorizó la fundación de misiones nuevas en Santa Bárbara y San Francisco. Gracias, además, a sus conversaciones con el Virrey, y tras llegar a San Diego, Fagés había sido substituido por el comandante Rivera y Moncada. Al poco tiempo hubo un ataque indígena a la misión de San Diego en el cual ésta fue incendiada y se produjeron muchas fatalidades, pero la misión fue reconstruida y el trabajo evangelizador de Serra continuó.

El 17 de septiembre de 1776 se funda la misión de San Francisco a 250 kilómetros de Monterrey gracias a las innumerables gestiones de Serra con el virrey. En 1777 Monterrey se convierte en la capital de California para poder supervisar, más detalladamente, el trabajo del padre Serra. En 1779 el Gobernador General don Teodoro de Croix asume el mando de la alta y baja California y se instala en Sonora, donde, aconsejado por sus predecesores sobre la importancia de la labor de Serra, decide continuar el apoyo de la propagación católica.

A mediados del siglo XVIII y empujado por las teorías del despotismo ilustrado (que indicaban que la soberanía y el poder están en el hombre y no en Dios) Carlos III, el entonces rey de España, se inclina hacia una mayor secularización. Con esto en mente, comprendemo perfectamente el peligro al que las misiones californianas se vieron expuestas. El Gobernador Neves limitó el número de misioneros a uno por misión, pero Serra, incansable, luchó de nuevo para que esa cifra se duplicara. En 1781, bajo este ambiente de hostilidad política, Fray Junípero, ya anciano, fundó la misión de Nuestra Señora de Los Ángeles, y en 1782, sin saber que sería su última, la de Buena Ventura.

Ya para 1783, las dolencias que había sufrido durante años, especialmente su severo asma, y la hinchazón de la pierna, se acusaron exponencialment e, pero Serra, cuya licencia para impartir el sacramento de la confirmación cesaría en 1784, regresó a la misión de San Carlos para continuar su labor. Cuando se venció su permiso, Serra había confirmado a más de 5.000 indios <u>neófitos</u>.

A los 79 años de edad, habiendo ejercido como franciscano por 54 años y fundado 9 misiones, bautizado a más de 7.000 indios, Fray Junípero Serra fallece rodeado de los indios a los que tanto había amado y de su gran amigo el padre Palou.

En 1984 comenzó el proceso para su beatificación que concluyó con la concesión del Papa Juan Pablo II el 25 de septiembre de 1988.

El 2 de febrero de 1848 México cede a Estados unidos, con el tratado de Guadalupe Hidalgo, la alta California, Texas y Nuevo México. Más tarde, el descubrimiento de las minas de oro californianas atrajo una ola de aventureros que prácticamente destruyó lo que quedaba de las misiones franciscanas y dispersó a los indios que habían sido evangelizados. En 1850 California se suma al territorio que compone hoy Estados Unidos.

Si bien las misiones franciscanas llegaron casi a extinguirse, lo cierto es que las últimas décadas han traído consigo un <u>afán</u> de revalorización de la herencia hispana con una subsecuente campaña de restauración del legado misio nero franciscano, el cual fue clave en la formación de algunas de las ciudades más importantes del país como San Diego, San Francisco y Santa Bárbara por mencionar algunas.

BIBLIOGRAFÍA

- Dolan, Sean. "Junípero Serra" Chelsea House Publishers. Philadelphia, 1991.
- Lyngheim et al."Father Juípero Serra, the traveling missionary" Langtry Publishers. Vannuys, California, 1986.
- Scott, Bernice. "Junípero Serra: Pioneer of the Cross" Panorama West Publisher. Fresno, California, 1985.

VOCABULARIO

Busque en el diccionario y escriba aquí el significa do de las siguientes palabras que aparecen en el texto que acaba de leer. A continuación escrib a una frase que contenga cada una de las palabras de la lista.

1. Eje

2. Impartir

3. Inculcar

4. Precariedad

5. Implorar

6. Pío

_____

_____

_____

7. Tesón

_____

_____

_____

8. Afán

_____

_____

_____

EJERCICIOS SOBRE LA LECTURA

1. Después de hacer la lectura sobre Fray Junípero Serra, lea las siguientes frases e indique sin son ciertas o falsas. Corrija las que sean falsas.

   a) La estatua de Fray Junípero Serra se encuentra hoy en el capitolio de Sacramento (California).

   _____

   b) José Serra nace en Palma de Mayorca el 24 de noviembre de 1813.

   _____

   c) Miguel José Serra Ferrer cambia su nombre a Fray Junípero Serra cuando ingresa en el convento inspirado por sus lecturas sobre este personaje.

   _____

   d) En el convento, Fray Junípero Serra realizó los trabajos más duros de la tierra.

   _____

   e) En agosto de 1749 Fray Junípero sale hacia América con fines evangelizadores.

   _____

   f) Las dolencias de pierna de Fray Junípero provienen del viaje a pie que hizo desde Veracruz hasta la ciudad de México.

   _____

g) Cuando Fray Junípero llega a la Sierra Madre oriental, ya había cuatro misiones: Xalpán, Nuestra Señora de la luz, San Miguel y San Francisco.

_____

h) Serra y su amigo Francisco Palau reciben, en 1759, orden de salir hacia el río San Sabá, pero nunca hacen ese viaje.

_____

i) En 1768 Serra y Palau desembarcan en Loreto.

_____

j) La primera misión que fundó Fray Junípero Serra fue la de San Diego.

_____

k) El día 1 de junio de 1769, llega la expedición de Fray Junípero a San Diego.

_____

l) En 1775 Serra funda la misión de San Carlos.

_____

m) Fray Junípero Serra se encargó, durante una temporada, de evangelizar la baja California, y el Padre Palau se ocupó de la alta California.

_____

n) Bucarelli autorizó la fundación de las misiones de Santa Bárbara y San Francisco.

_____

o) Fray Junípero Serra muere a los 59 años.

_____

p) Cuando Serra murió, había fundado 9 misiones y bautizado a más de siete mil indios.

_____

2. Escriba los acontecimientos más importantes en la vida de Junípero Serra en las siguientes fechas.
   24 de noviembre de 1713_____
   1731_____
   Entre 1731 y 1734 _____
   Entre 1734 y 1749 _____
   Agosto de 1749 _____
   1750_____
   1759_____
   Entre 1759 y 1768 _____

1767 _____
1768 _____
1769 _____
1770 _____
1773 _____
1776 _____
1777 _____
1779 _____
1781 _____
1782 _____
1783 _____
1784 _____
1984 _____
1848 _____
1850 _____

3. Explique, de acuerdo con la lectura, cuáles fueron las principales dificultades con las que se halló Junípero Serra durante su labor evangelizadora en América.

_____
_____
_____
_____
_____
_____
_____
_____

4. Según la biografía de Fray Junípero Serra que acaba de leer, ¿Cuáles son las aportaciones más importantes de este personaje al desarrollo de la historia en California?

_____
_____
_____
_____
_____
_____
_____
_____

5. Cuáles eran las dolencias físicas que debilitaron a Fray Junípero Serra y de dónde provenían?

_____
_____
_____
_____
_____
_____
_____
_____
_____
_____

PARA ESCRIBIR

Piense en un evento que cambió su vida o que le emo cionó de un modo especial. Escriba después un relato de 1 ó 2 páginas sobre ese evento . Recuerde prestar especial atención al uso correcto de los acentos.

GRAMÁTICA

LOS ADJETIVOS

Los adjetivos son palabras que describen el nombre o sustantivo. En español hay cinco clases de adjetivos:

- Adjetivos demostrativos
- Adjetivos posesivos
- Adjetivos descriptivos
- Adjetivos cuantitativos
- Adjetivos indefinidos

Es importante señalar que el adjetivo y el nombre siempre concuerdan. Es decir: si el nombre es singular masculino, el adjetivo ha de ser también singular masculino; si el nombre es femenino plural, entonces el adjetivo será también femenino plural.

Ejemplos:

- El chic**o** alt**o**.
- Las chic**as** alt**as**.

A)- *LOS ADJETIVOS DEMOSTRATIVOS.*

Los adjetivos demostrativos van siempre delante del nombre, y sirven para señalar o indicar la distancia de un objeto o idea.

SINGULAR	PLURAL
Este	Estos
Ese	Esos
Aquel	Aquellos
Esta	Estas
Esa	Esas
Aquella	Aquallas

Este, esta, estos y estas se utilizan para indicar que un objeto está cerca del hablante. Ese, esa, esos y esas señalan que el nombre del que se hace referencia está ligeramente más alejado y aquel, aquella, aquellos y aquellas señalan a un objeto que se encuentra aún más lejano.

Es importante notar que en inglés solamente existen dos distancias en los adjetivos demostrativos ("this", "that" y sus variantes plurales) por lo tanto el hablante habrá de usar su discreción a la hora de traducir dichas palabras ya que las distancias a las que nos referimos las elige la persona que habla teniendo en cuenta su percepción de la distancia. Por ejemplo, es posible que un libro se encuentre a dos metros de distancia de dos personas diferentes y que una utilice la palabra "ese" y otra utilice la palabra "aquel" para referirse al mismo sustantivo.

EJERCICIOS

1. Rellene los espacios en blanco con la forma apropiada del adjetivo demostrativo. Después subraye el sustantivo de la frase con el cual cada adjetivo demostrativo concuerda.

   a) _____libros que están en China son interesantísimos.

   b) _____chico de aquí me cae fenomenal.

   c) _____tarde de 1957 llovía muchísimo.

   d) ¿Quieres cenar con mi hermano _____noche?

   e) No sabemos de quien son _____cosas encima de la mesa.

   f) ¿Quieres que compre _____coche o _____motocicleta?

   g) Juan no sabe qué es _____ruido.

   h) ¿Quién te regaló _____corbata tan bonita?

   i) _____portazo que me diste fue muy grosero.

Substituya las palabras en paréntesis por la que corresponda en español para cada frase.

   A. (This)_____libro me encanta, pero (that)_____película me aburrió mucho.

   B. (Those)_____chicas son encantadoras (this)_____mañana me saludaron sonriendo.

   C. (These)_____noticias me dejaron muy triste por (those)_____muchachos.

   D. (That)_____edificio que vimos en Madrid era precioso.

   E. (That)_____historia que dijo Juan no es verdad.

   F. ¿Qué es (this)_____libro encima de la mesa?

   G. Te regalo (those)_____ _bombones.

   H. Yo quiero que me des (that)_____bicicleta que me prometiste.

Escriba un adjetivo demostrativo correcto para cada palabra.

_____perro	_____chica	_____mano	_____día
_____vaso	_____lámpara	_____dilema	_____sol
_____águila	_____libertad	_____colchón	_____té

B)- LOS ADJETIVOS POSESIVOS.

Los adjetivos posesivos concuerdan, al igual que los demostrativos, con el sustantivo que describen, es decir, con el sustantivo que modifican; pero a diferencia de los demostrativos, los adjetivos posesivos sólo concuerdan con el nombre en número y no en género. Es importante notar, no obstante, a modo de excepción, que el posesivo "nuestro" y sus variantes sí que concuerda con el sustantivo tanto en género como en número.

FORMAS SINGULARES	FORMAS PLURALES
Mi amigo	**Mis** amigos
Tu perro *	**Tus** perros
Su (casa)	**Sus** casas
Nuestro río	**Nuestros** ríos
Nuestra jarra	Nuestras jarras

*Recuerde que el adjetivo "tu" no tiene acento escrito, pero sí que lo lleva el pronombre personal "tú".

Por ejemplo:

- **Tu** casa es muy grande.
- **Tú** tienes muchos amigos.

Es importante notar que en inglés es mucho más común el uso de los adjetivos posesivos. En español, sin embargo, se utilizan tan sólo cuando hay duda sobre la pertenencia del sustantivo al que se hace referencia. Con eso en mente, cabe concluir que, generalmente, cuando el hablante se refiere a alguna parte de su cuerpo, no utilizará el posesivo.

- Por ejemplo en inglés se dice: I would like to cut <u>my</u> hair.
- Pero en español eso se escribe: Me gustaría cortarme <u>el</u> pelo.

- En inglés se dice: <u>My</u> eyes are blue.
- Pero en español: Tengo <u>los</u> ojos azules.

- En inglés se dice: Put on <u>your</u> hat.
- Pero en español: Ponte <u>el</u> sombrero.

EJERCICIOS.

1. Traduzca al español las siguientes frases:
   A. My legs are long.

   _____

   B. Juan put on his coat and went to see his friend.

   _____

   C. I washed my hair yesterday.

   _____

   D. Juan put on his pants very fast when he got up.

   _____

   E. George looked at his hand very surprised.

   _____

2. Rellene los espacios en blanco con la forma correcta del adjetivo posesivo entre paréntesis.
   A. (My)_____ hermana no dijo la verdad.
   B. (Our)_____ días están contados.
   C. (Your)_____ profesor me dio (my)_____libros ayer.
   D. (Our)_____ hijo nos dijo que (our) _____madres eran geniales.
   E. (My_____computadora es mejor que (your) _____máquina de escribir.

C)- LOS ADJETIVOS DESCRIPTIVOS.

Un adjetivo descriptivo indica cualidades del sustantivo o nombre al que modifica. Por ejemplo:

- Juan es muy **alto**.
- La casa **blanca** es preciosa.
- Jorge es un **gran** abogado

EJERCICIOS.

1. Escriba las siguientes frases en español, indique cual es el adjetivo y después subraye el sustantivo que modifica. Indique, además qué tipo de adjetivo es cada uno.

   A. Jorge is handsome.

   _____
   _____

   B. That apple tree is tall.

   _____
   _____

   C. My friend is in Madrid.

   _____
   _____

   D. I like those books.

   _____
   _____

   E. My cat has long hair.

   _____
   _____

   F. Elena has big eyes.

   _____
   _____

   G. Juan has one girlfriend.

   _____
   _____

   H. We are great friends.

   _____
   _____

2. Vuelva a la lectura "Fray Junípero Serra" y subraye 10 adjetivos descriptivos, después escríbalos aquí.

_____
_____
_____
_____
_____
_____
_____
_____
_____
_____
_____
_____
_____
_____

D)- LOS ADJETIVOS CUANTITATIVOS.

Los Adjetivos cuantitativos pueden expresar una cantidad exacta o el orden de un sustantivo.

Por ejemplo:

- Yo quiero **trescientos** dólares.
- Elena está en **segunda** fila.

E)- LOS ADJETIVOS INDEFINIDOS.

Los adjetivos indefinidos aportan una cantidad aproximada del sustantivo al que modifica.

Por ejemplo:

- Juan quiere **algunos** libros.
- Necesito **mucha** ayuda.

Si bien la gran mayoría de adjetivos descriptivos siguen al nombre. Hay casos en los que éste cambia de significado dependiendo de su localización. Véanse los siguientes ejemplos.

- La **gran** ciudad_____the great city.
- La ciudad **grande**_____the large city.

- Una **sola** profesora_____only one teacher.
- Una profesora **sola**_____one teacher alone.

- Una **única** experiencia_____(only) one experience.
- Una experiencia **única**_____a unique experience.

- Una **vieja** compañera_____a long standing coworker.
- Una compañera **vieja**_____an elderly coworker.

- El **mismo** dependiente_____the same clerk.
- El dependiente **mismo**_____the clerk himself.

- La **pura** verdad_____the absolute truth.
- El aire **puro**_____pure air.

APÓCOPE DE ADJETIVOS.

Hay adjetivos que se apocopan (o acortan) delante de un sustantivo o nombre.

a) Los adjetivos bueno, malo, alguno, ninguno, uno, primero y tercero pierden la última „o" si van seguidas de un sustantivo masculino singular.
Por ejemplo:
   o Un **buen** libro. Un **mal** chico.
   o **Algún** diccionario.
   o **Un** libro.
   o Esto es el **primer** capítulo.
   o Es el **tercer** libro que he leído.

b) Los décimos de **uno** se apocopan delante de un nombre masculino.
Por ejemplo:
   o Treinta y **un** libros.
   o Cuarenta y **un** estudiantes.

c) **"Santo"** se acorta a „San" delante de un nombre masculino.
   Por ejemplo:
   o **San** Jorge.
   o **San** Gerardo.

d) Se exceptúan a esta regla los nombres que empiezan con to- y do-.
   Por ejemplo:
   o **Santo** Tomás.
   o **Santo** Domingo.

e) **Cualquiera** y **cualesquiera** pierden la última 'a' delante de un nombre o sustantivo.
   Por ejemplo:
   o Yo quiero cualquiera.
   o Yo quiero **cualquier** libro.

f) **Ciento** cambia a **cien** delante de cualquier nombre.
   Por ejemplo:
   o **Ciento** dos libros.
   o **Cien** libros.

EJERCICIO

Complete las siguientes oraciones con la palabra adecuada en español.

1. Este chico es un (good)_____ estudiante.
2. Aquí sirven una comida muy (good)_____.
3. Allí había más de (one hundred)_____ chicos.
4. Ella irá a la isla de (St.)_____ Dominto._____.
5. (St.)_____ Jorge es mi (saint)_____ favorito.
6. Dame, por favor, (any)_____ libro.
7. En mi clase hay (fourty one)_____ estudiantes.

LOS ADVERBIOS.

Si bien los adjetivos describen o modifican un nombre o sustantivo, el adverbio describe generalmente un verbo, pero puede describir también un adjetivo u otro adverbio. Con frecuencia los estudiantes hispanohablantes tienen dificultad a la hora de diferenciar un adjetivo de un adverbio. Para ilustrar las diferencias, observemos los siguientes ejemplos:

Juan es un chico alto.

En esta frase, la palabra alto es un adjetivo, ya que describe a Juan y Juan es un sustantivo o nombre.

Eva escribe muy bien.

En esta frase, la palabra bien es un adverbio, ya que no describe a Eva (un sustantivo), sino que describe la forma en que escribe (escribir es un verbo).

Si bien los adjetivos concuerdan en género y número con el nombre que modifican, los adverbios carecen de concordancia.

Fíjese en los siguientes ejemplos adverbiales:

Fernando corre <u>rápido</u>   Juan nada <u>bien</u>.

Estela corre <u>rápido.</u>   Ana nada <u>bien</u>.

En estas frases "rápido" y "bien" describen los verbos "corre" y "nada" respectivamente. Por lo tanto el hecho de que el sujeto cambie de masculino a femenino en cada frase, no altera la terminación del adverbio.

Generalmente, el adverbio se coloca detrás del verbo en la frase.

En español existen 7 clases de adverbios: de lugar, tiempo, modo, cantidad, afirmación, duda y negación.

A)- *LOS ADVERBIOS DE LUGAR.*

Los adverbios de lugar responden a la pregunta **dónde** en la frase y nos comunican en qué lugar ocurre la acción. Por ejemplo:

- María desayuna **aquí.**
- Sus hermanos están **afuera.**

Si el lector se pregunta **dónde** desayuna María o **dónde** están sus hermanos, las respuestas son **aquí** y **afuera** respectivamente.

Los adverbios de lugar en español son:

aquí	acá	allá	ahí	allí	atrás
detrás					
Adelante	delante al lado		enfrente	frente abajo	arriba
afuera	fuera	adentro	dentro		

Es necesario recordar que las palabras **adentro, afuera, arriba y abajo** no pueden ir seguidas de la preposición **de.**

B) - *LOS ADVERBIOS DE MODO.*

Los adverbios de modo indican la forma en que la acción tiene lugar. Generalmente responden a la pregunta cómo. Con frecuencia se forman añadiendo el sufijo **-mente** a un adjetivo.

Por ejemplo:

- Juan canta estupendamente.
- Elena vino rápidamente.

- Alejandro se tiró **bruscamente.**

Los principales adverbios de modo son:

bien   mal   así   regular un adjetivo + el sufijo –mente

C)- LOS ADVERBIOS DE CANTIDAD.

Los adverbios de cantidad indican, como su nombre describe, el grado de un verbo o de un adjetivo.

Los principales adverbios de cantidad en español son:

nada   poco mucho muy   sólo

Por ejemplo:
- Ernesto **sólo** canta los fines de semana.
- Patricia es una muchacha **poco** parlanchina.
- Aunque yo como **poco**, siempre engordo **mucho.**

D)- LOS ADVERBIOS DE TIEMPO.

Los adverbios de tiempo responden a la pregunta **cuándo** en la oración. Fíjese, por ejemplo, en las siguientes frases:

- Jorge vendrá **mañana**

- Mis hermanos **raramente** vienen.
- Ven aquí **siempre** que quieras.
- **Nunca** iré a ver esa película.

Los principales adverbios de tiempo en español son los siguientes:

mañana	después	entonces	temprano	recién
luego	ayer	aún	ahora	hoy
tarde	antes			

E)- LOS ADVERBIOS DE AFIRMACIÓN, DUDA Y NEGACIÓN.

Los adverbios de afirmación, duda y negación modifican también el verbo, el adjetivo u otro adverbio.

Los principales adverbios de **afirmación** son:

sí	también	además ciertamente

Los principales adverbios de **duda** son:

acaso	tal vez	quizás	quizá

Los principales adverbios de **negación** son:

no	nunca	jamás	tampoco

FRASES ADVERBIALES.

El español cuenta con un gran número de frases que equivalen a adverbios. Estas frases se llaman „frases adverbiales. Por ejemplo:

A paso de Tortuga_____slowly.

A regañadientes_____with a bad attitud e.

En un santiamén_____quickly.

A cuerpo de rey_____confortably.

De pascuas a ramos_____rarely.

EJERCICIOS.

1. Escriba en español las siguientes frases. Después subraye el adverbio.
   A. Francisco is on top of the table. _____
   B. Pedro and Juan went up. _____
   C. The book is under the papers. _____
   D. It was cold, so I went inside _____
   E. Do you want to be inside or outside? _____
   F. Go outside while I read please! _____
   G. Inside the room there was a piano. _____
   H. The dog is outside the house. _____

2. Rellene los espacios en blanco con la forma correcta de la palabra en paréntesis. Después indique si esa palabra es un adverbio o un adjetivo. Si se trata de un adverbio, indique que clase de adverbio es.

   A. Mis hermanos son muy (tall) _____

   B. Juan, que es muy (smart) _____ escribe muy (fast) _____

   C. Mis amigos son muy (good) _____ siempre caminan (slowly) _____ por mí.

   D. Yo voy a Madrid (tomorrow) _____

   E. Juan Carlos (never) _tiene dinero, pero es muy (nice) _____

   F. Elena es muy (bad) _, pero canta muy (well) _____

   G. La computadora funciona muy (bad) _____ pero es muy (elegant) _____

   H. Jorge habla muy (well) _____, pero es muy (boring) _____

   I. Víctor y yo (before) _____ éramos felices, pero (now) _____ ya no.

   J. Esa cantante es muy (ugly) _____ pero canta muy (well) _____.

   K. Juan vino a mi casa muy (slowly) _____. Pero llegó (early) _____.

   L. El presidente es (fat) _____ pero habla muy (elegantly) _____.

   M. Juan (only) _____ vino para saludarme. Él fue muy (amiable) _____.

   N. Fernando es una persona (very) _____ amiable.

   O. Ñ. Yo (never) _____ iré a esa isla. Dicen que es muy (dangerous) _____.

   P. (Generally) _____ estudio todos los días porque soy (responsible) _____.

   Q. Ella cena con su novio (frequently) _____.

   R. Yo no veo a mi prima (neither) _____ porque es muy (unfriendly) _____.

   S. Ellos (also) _____ querían comer carne (cold) _____

   T. Yo (just) _____ acabo de llegar al restaurante (elengant) _____.

3. Vuelva a la lectura "Fray Junípero Serra" y subraye 10 adverbios, después escríbalos aquí.

   _____

   _____

_____

_____

_____

_____

ORTOGRAFÍA

A. **El uso de la "y" y de la "e" cuando significan "and".**

En español, la palabra y significa "and". Cabe notar, sin embargo, que la Real Academia

Española ha establecido la siguiente normativa:

> Cuando la palabra y va seguida de una i o una hi, ésta cambia a "e".

Por ejemplo:

- o   Miguel estudia literatura e historia.
- o   Linda es fea e ignorante.

B. **El uso de la "o" y de la "u" cuando significan "or".**

Así mismo se ha de tener en cuenta, a la hora de utilizar la palabra o, que significa "or", que:

> Cuando la palabra o va seguida de una o o de una ho, ésta cambia a "u".

Por ejemplo:

- o ¿Quieres este libro u otro?
- o Cualquier mujer u hombre aquí será arrestado.

EJERCICIOS

1. Escriba en español las siguientes frases.
   A. Would you like balcony or orchestra seats?

   _____

   B. Does she drink or smoke?

   _____

   C. Would you like to see or to smell the cake?

   _____

   D. Is Juan 7th or 8th in the list?

   _____

   E. Is this computer new or obsolete?

   _____

   F. His movies are always excellent or horrible.

   _____

   G. Would you like to stop in motels or hotels?

   _____

   H. And, equally, he wants his reward.

   _____

   I. That building is tall and impressive.

   _____

   J. I would like to visit Spain and Italy.

   _____

   K. I enjoy Literature and History.

   _____

   L. Juan prefers Math and Statistics.

   _____

C. **LAS CONTRACCIONES "al" y "del".**

En español no se puede escribir "a el". Cuando éstas aparecen juntas en una frase s e contraen para formar la palabra "al". Cabe notar, s in embargo, que si la palabra va seguida de un nombre propio o de un título que comienza con el artículo "el", entonces no se forma la contracción.

Por ejemplo:

- o Yo voy al laboratorio.
- o Ella va a El Japón.

Lo mismo ocurre con las palabras de + el. Cuando aparecen juntas en una frase, es necesario contraerlas y escribir "del" en su lugar.

Al igual que con la regla anterior, si la palabra "de" va seguida de un nombre propio o de un título que comienza con el artículo "el", entonces la contracción no se utiliza.

Por ejemplo:

- o Yo soy del norte.
- o Elena es de El Salvador.
- o La escena es de "El hombre que sabía demasiado."

EJERCICIOS

1. Escriba en español las siguientes frases (ojo: use el artículo "el" delante de los nombres de países para este ejercicio).

    A. Do you need air or oxygen?

    _____

    _____

    B. Are you male or female?

    _____

    _____

    C. I want money or opportunities to make it.

    _____

    _____

D. I need needle and thread.

_____

_____

E. I like the umbrella''s color.

_____

_____

F. Do you need this dictionary or another?

_____

_____

G. Men and women are different and equal.

_____

_____

H. Fernando is from the neighborhood.

_____

_____

I. They are from Perú.

_____

_____

MÁS ALLÁ.

LOS PRIMEROS COLONIZADORES EN CALIFORNIA.

Gracias a la incesante labor, principalmente, de lo s jesuitas y de los franciscanos españoles, el estado californiano cuenta hoy con 21 misiones que se extienden por el conocido Camino Real.

Sin embargo, las fuerzas que pusieron en marcha, en última instancia, el futuro de la costa occidental estadounidense habían comenzado ya poco después de las expediciones de Cristóbal Colón al continente americano.

La corona española siempre tuvo en cuenta la necesidad de respetar a los indios nativos que fueron hallando en California. De hecho, el rey Carlos V publicó un código de leyes nuevas en la cual se indicaba que los indios poseían pleno derecho a formar sus propias comunidades, que estaba prohibida su captura para esclavizarlos y que ningún español podía permanecer en un campamento indio por más de tres días.

PARA ESCRIBIR

En la biblioteca o en el internet, busque información sobre una de las 16 misiones californianas antiguas y componga un ensayo corto de 4 ó 5 párrafos describiéndola y explicando sus orígenes.

REFRÁN.

Examine el siguiente refrán popular, después discuta su significado con los miembros de su grupo y escriba 2 ó 3 párrafos explicando su significado. Imagínese que su explicación se va a publicar en una revista. Esto significa que deberá prestar especial atención a la gramática, ortografía, acentuación y estilo.

"A CABALLO REGALADO NO SE LE MIRAN LOS DIENTES."

_____
_____
_____
_____
_____
_____
_____
_____
_____
_____
_____
_____
_____
_____
_____
_____
_____
_____
_____
_____
_____
_____
_____
_____
_____
_____
_____

VOCABULARIO ADICIONAL

Encuentre, en este capítulo, 5 palabras nuevas para usted, busque su significado y escríbalo aquí. A continuación invente una oración con cada uno de esos términos.

1.

2.

3.

4.

5.

EJERCICIOS DE REPASO.

1. Substituya las palabras en paréntesis por la que corresponda en español para cada frase.

   A. (This)_____mujer es muy alta.

   B. (Those) _____manos son perfectas para los guan tes.

   C. (This) _____dilema es muy interesante .

   D. (That)_____día fuimos todos a la playa.

2. En español existen 5 clases de adjetivos. ¿Cuáles son?

   A. _____

   B. _____

   C. _____

   D. _____

   E. _____

3. Escriba las siguientes frases en español. Después subraye el adjetivo e indique de qué tipo de adjetivo se trata.

   A. These days we go to the beach often.

   _____
   _____

   B. Her books are in the house.

   _____
   _____

   C. Eva is a very funny girl!

   _____
   _____

   D. Our class is at 12:00.

   _____
   _____

4. Escriba las siguientes frases en español. Después subraye el adverbio en cada una de ellas e indique de qué clase de adverbio se trata.

A. Juan and Pedro are under the tree.

_____
_____

B. We will go to the movies tomorrow.

_____
_____

C. I never study at night.

_____
_____

D. Gary speaks German very well.

_____
_____

E. My new friend is very tall.

_____
_____

F. Your book is inside the box.

_____
_____

5. En las siguientes frases indique cuáles son los adjetivos y qué clase de adjetivos son.

A. En esta clase hay chicos muy simpáticos.

_____

B. Nuestra madre es muy bondadosa.

_____

C. Estos libros no me gustan, son muy aburridos.

_____

D. No me gusta ni tu falda larga ni su jersey grueso.

_____

E. Nuestro hijo es guapísimo.

_____

F. Aquella profesora de español es excelente.

_____

6. Rellene los espacios en blanco con la palabra adecuada.
Los_____modifican o describen u n nombre o sustantivo. Los
_____describen un verbo, un adjetivo o un adverbio.

7. Enumere los siete tipos de adverbios en español.

_____   _____
_____   _____
_____   _____
_____

8. Indique cuál es el adverbio en cada frase y qué clase de adverbio es.
A. Juan escribe muy bien.

_____

B. Nuestra hermana está delante de ti.

_____

C. Yo te quiero mucho.

_____

D. Ayer fuimos a ver una película excelente.

_____

E. Tal vez encuentres un buen libro en la biblioteca.

_____

F. Juan quiere ver también a tus amigos.

_____

G. Elena tampoco quiere viajar con ese chico.

_____

CAPÍTULO 4

ISABEL LA CATÓLICA (1451- 1504)

El estudio del reinado de Isabel la Católica en Castilla, junto con el de su esposo Fernando de Aragón es fundamental a la hora de comprender la transición de la España medieval a la España moderna. El liderazgo e iniciativa que mostró Isabel ya desde su infancia, han sido fuente de inspiración no sólo para el movimiento femenino internacional, sino para líderes religiosos, políticos, empresariales y sociales en el mundo entero.

Nace la monarca el 22 de abril de 1451. Su padre, el rey Juan II h ubiera preferido, como era corriente en aquel entonces, haber tenido un varón para poder asegurar un heredero a la corona del reino. Las normas monárquicas dictaban que una mujer podría heredar la corona si no hubiera heredero varón. Lo cierto es, sin embargo, que tampoco a Juan le preocupó esto mucho, pues ya de un matrimonio anterior había tenido a su hijo Enrique IV. Posteriormente nacería el hermano menor de Isabel, Alfonso.

Al caer Juan gravemente enfermo, éste le hizo jurar a su primogénito que cuidaría de Isabel y de su hermano menor. Lo cierto es, sin embargo, que tras la muerte de su padre, Enrique mandó a sus dos hermanos a vivir, lejos de la corte de Castilla, en el castillo que Isabel había heredado de su padre. Fue allí donde se educ ó junto con su amiga Beatriz de Bobadilla. Además de convertirse en amigas inseparables, las dos muchachas aprendieron gramática, religión y poesía. La madre de la infanta se encargó, además, de enseñarle modales dignos de una futura reina.

El padre de Beatriz, Don Pedro de Bobadilla se sintió tan agradecido por los tratos y enseñanzas que Beatriz estaba recibiendo, que decidió regalar a las 2 muchachas sendos ponis. Fue así como Isabel aprendió equitación, actividad que le placería hasta el final de sus días.

Cuando Isabel cumplió 11 años, su hermano mayor, Enrique IV la mandó traer a la corte junto con su hermano Alfonso. No por amor filial, sino porque muchos de los más poderosos nobles se rebelaron contra Enrique y tenía miedo de que le quitaran el poder y erigieran a Alfonso como rey de Castilla. Así pues, teniendo a Isabel y a Alfonso a su lado, podría mantenerlos bajo su control.

Isabel se sintió muy sola. La austeridad y alta moralidad a la que había sido expuesta toda su vida se convirtieron en despilfarros y falta de moralidad en la corte, donde las mujeres llevaban maquillaje y vestidos muy escotados, cosa que horrorizaba a la futura reina.

La única persona en la que confiaba Isabel, además de su hermano menor, era su confesor Tomás de Torquemada. Fue él quien completó la enseñanza religiosa que la muchacha había recibido desde ya muy niña.

Cuando la monarca cumplió los 13 años, y de acuerdo con las costumbres monásticas, Enrique comenzó a planear su boda con el entonces príncipe de Portugal, pero esta unión no placía a la princesa, que veía en él un obeso y feo hombre, lo suficientemente viejo como para ser su padre.

A modo estratégico, y para librarse de las rebeliones nobles, Enrique hizo un pacto con Pedro Girón. Si Don Pedro le abastecía de soldados para eliminar a los rebeldes de Castilla, Enrique le cedería la mano de su hermana.

Isabel lloró y le rogó a su hermano que desistiera de llevar a cabo esa unión, pero tras los preparativos de costumbre, Don Pedro salió para Madrid a contraer nupcias. Entre tanto, Isabel rezó sin descanso para que ese matrimonio no se celebrara. Sus oraciones dieron fruto, pues durante el viaje a Madrid, Don Pedro cayó gravemente enfermo con dolores estomacales y falleció.

Entre tanto, los nobles se sublevaron contra Enrique y decidieron que Juan habría de ser rey, sin embargo el príncipe fue envenenado y murió al poco tiempo.

Estos últimos eventos hicieron la posibilidad de que Isabel llegara a ser reina mucho más real, con lo que el interés por conseguir su mano aumentó considerablemente tanto en la península como en el resto de Europa.

De todas las posibilidades de matrimonio, la que más atraía a la muchacha era el entonces príncipe Fernando de Aragón. Isabel y Fernando eran primos segundos, cosa común en los matrimonios monárquicos de la época. Muchos vieron esta unión como beneficiosa para Castilla, pues Aragón era el segundo reino católico más grande de la península. Enrique sin embargo prefería unir Castilla con Portugal, con lo que quiso que Isabel se casara con el monarca portugués que ya había repudiado antes y que era ahora rey de Portugal y, no lo olvidemos, 5 años mayor que antes. Isabel reclutó ayuda para evitar esa boda y poder casarse con Fernando. El arzobispo Carrillo mandó una misiva al príncipe de Aragón para que viniera inmediatamente para casarse. Ambos contrayentes decidieron reunirse en Valladolid e hicieron el viaje a escondidas para que los soldados de Enrique no impidieran la boda. Fernando llegó a Valladolid el 15 de Octubre de 1469, y el 19 de octubre de ese mismo año se casaron.

La suerte y sus leales servidores la ayudaron y fue así, que a marchas forzadas, Isabel contrajo matrimonio con aquel monarca soltero que más le atraía: Fernando de Aragón. Las circunstancias en que se celebraron las nupcias fueron tan apremiadas y oscuras que los jóvenes, recién casados, consumaron el matrimonio delante de los nobles presentes para que no quedara duda sobre la validez de la unión.

Isabel y Fernando notificaron a Enrique de su matrimonio, y no placiéndole esto al rey, hizo que se le arrebatara a Isabel el derecho a ser reina y se le diera en su lugar a su hija Juana.

Don Enrique estuvo casado con Doña Blanca de Navarra, a la que repudió por estéril. Posteriormente Enrique toma por esposa a la hija del rey Eduardo de Portugal. De ese segundo matrimonio nace Juana, a la que la historia llamó Juana la "Beltraneja" por creerse que era hija de la reina y don Beltrán de la Cueva y no de Enrique.

A la edad de 23 años, Isabel se erigió reina y avisó inmediatamente a Fernando para que regresara de Aragón. A su llegada, éste insistió en que era él el que debía reinar Castilla y no Isabel. Ésta, por el contrario, se empeñó en gobernar Castilla rompiendo así los moldes femeninos de la Edad Media que dictaban que el papel de la reina era cuidar de los hijos. Lo cierto es que Isabel se esforzó en mantener un reinado equitativo entre ella y Fernando. De ahí la frase que ella creó "monta tanto, tanto monta, Isabel como Fernando."

Los partidarios de que Juana, hija de Enrique IV, fuera la reina de Castilla arreglaron sus esponsales con Alfonso V de Portugal, y éste, con ambiciones de reinar Castilla y rencoroso todavía porque Isabel lo había rechazado como esposo, invadió Castilla.

La batalla entre ambos bandos duró más de 3 años, durante los cuales Fernando dirigió las tropas e Isabel reclutó apoyo y promocionó su causa por todo el reino. De hecho Isabel tomó parte en varias batallas e incluso cabalgó estando embarazada.

Los enfrentamientos entre ambos bandos concluyeron un año después del nacimiento de Juan, el primer hijo de Fernando e Isabel. Saliendo los monarcas católicos victoriosos.

El reinado de Isabel trajo a las cortes de castilla un elevado nivel de erudición. Invitó ésta a palacio a profesores de castellano, gramática, historia, etc. Incluso ella misma, a la edad de 30 años, decidió estudiar latín, la lengua de los gobernantes de todos los reinos.

En poco tiempo Isabel reorganizó el gobierno, eliminó bandidos que constantemente robaban y saqueaban a los ciudadanos y logró más de lo que muchos otros monarcas habían conseguido durante todo su reinado. Lo único que le faltaba pues, era consolidar la supremacía del cristianismo en el reino.

Hasta aquel entonces, judíos, cristianos y musulmanes habían vivido en paz en España, pero Isabel, decidida a implementar y expandir el cristianismo, decretó que todo judío o musulmán debía convertirse al cristianismo o abandonar el reino. Para ello se crearon las cortes de la Inquisición en Castilla. Todo aquel que se negara a convertirse o que practicara su religión en secreto acabaría en la hoguera.

El año 1492 fue decisivo en la vida de Isabel la Católica y en el curso de la historia de la península. Fue entonces cuando Fernando e Isabel ganaron la última batalla en Granada que duró más de 10 años y que acabaría con más de 700 años de presencia mora en la península. Fue además en ese mismo año cuando Isabel, aconsejada por su antiguo confesor y máxima autoridad de la Inquisición de Castilla -Tomás de Torquemada- expulsó a todos los judíos que quedaban en la península sin convertirse. Esa decisión devastó al pueblo judío que llevaba más de 1500 años en Castilla. El decreto estipulaba que no les estaba permitido sacar dinero del reino, por lo que muchos hicieron cambios para conseguir mulas, carromatos, enseres, etc. Cuenta la historia que muchos judíos se tragaron grandes sumas de dinero para poder sacarlo del país, y que cuando llegaron a África, los musulmanes los degollaron para hacerse con los tesoros.

El nombre de Cristóbal Colón es también decisivo en la vida de la monarca y en la historia de España. Colón creía haber encontrado una ruta más corta a las Indias, pero carecía de fondos y acudió a la Reina para que le subvencionara los gastos.

Isabel veía en la expedición de Colón la oportunidad de traer riqueza al reino empobrecido por las prolongadas guerras contra los moros. Por otro lado, a la monarca no le placía la idea de que Portugal subvencionara el viaje ni de que se hiciera ese reino más poderoso que el suyo. Así pues, Isabel vendió algunas de las joyas de la corona y costeó, no solamente su expedición inicial, sino que, tras el éxito que demostró en ésta, la monarca le pagó 3 viajes más. El primero se inició el 3 de agosto de 1492 con las tres carabelas: La Pinta, La Niña y la Santa María.

En 1497 el primogénito de Isabel y Fernando -Juan- falleció dejando a Castilla sin futuro rey. Al año siguiente, la hija mayor moriría al dar a luz a su hijo, quien falleció también dos años más tarde.

En 1504, cuando Isabel y Fernando hicieron un viaje a Medina del Campo, ambos cayeron enfermos y sufrieron altas fiebres. Si bien Fernando pronto se recuperó, la condición de la reina empeoró paulatinamente. Por este motivo la Monarca mandó redactar su testamento en el que su hija Juana (A la que la historia llegó a conocer como "Juana la Loca") heredaría el reino. El 26 de noviembre de 1504 Isabel falleció con su esposo a su lado.

Si bien cuenta la historia que Fernando había tenid o varias amantes durante su matrimonio y que de hecho había tenido hijas bastardas con alguna s de ellas, lo cierto es que el fallecimiento de su esposa le llenó de amargura.

Isabel comenzó su reinado en una Castilla pobre y sin poder. Al fallecer, su reino se había librado casi completamente de criminales. Expulsó además la monarca a los moros ganando así el reino de Granada y unificó la religión a la que había dedicado su vida. En cuanto a Colón, si bien él nunca produjo, durante su vida, la riqueza que había prometido como producto de sus expediciones, lo cierto es que el descubrimiento de América trajo eventualmente al reino ingentes cuantías de riqueza y poder.

BIBLIOGRAFÍA.

Bernáldez, Andrés: Memorias del Reinado de los Reyes Católicos. Ed. Manuel Gómez Moreno y Juan de Mata Carriazo. Madrid, 1962.
Valera, Diego de: Crónica de los Reyes Católicos. Ed. Juan de Mata Carriazo. Madrid, 1927.
Vizcaíno Casas, Fernando: Isabel Camisa Vieja. Ed. Planeta. Barcelona 1987.

VOCABULARIO.

1. Busque el significado de los siguientes términos en el diccionario. Escriba la definición y después haga una frase que contenga cada término.

    A. liderazgo

    _____
    _____

    B. varón

    _____
    _____

    C. heredero

    _____
    _____

    D. primogénito

    _____
    _____

    E. equitación

    _____
    _____

F. estomacales

_____

_____

G. paulatinamente

_____

_____

EJERCICIOS SOBRE LA LECTURA

1. Después de hacer la lectura sobre Isabel la Católica, lea las siguientes frases e indique sin son ciertas o falsas. Corrija las que sean falsas.

    1. El liderazgo de Isabel la católica ha sido fuente de inspiración para líderes religiosos exclusivamente.

    _____

    2. Isabel la Católica nació el 22 de abril de 1451.

    _____

    3. Las normas monárquicas dictaban que una mujer no podía heredar el trono.

    _____

    4. El hermano de Isabel la Católica se llamaba Juan Carlos.

    _____

    5. Tras la muerte de su padre, Enrique IV mandó que sus dos hermanos fueran a vivir con él.

    _____

    6. Beatriz de Bobadilla era la hermana menor de Isabel la Católica.

    _____

    7. Cuando Isabel cumplió 11 años se fue a estudiar a Alemania.

    _____

    8. La única persona en la que confiaba Isabel la Católica, además de su hermano menor, era Enrique IV.

    _____

9. Cuando Isabel cumplió 14 años, siguiendo las costumbres monásticas, Enrique comenzó a planear su boda. _____

10. Pedro Girón fue el primer prometido de Isabel la católica._____

11. Don Pedro Girón murió asesinado de camino a Burgos. _____

12. De todas las posibilidades de matrimonio, la que más atraía a Isabel era Fernando de Aragón. _____

13. Isabel y Fernando se casaron el 19 de octubre de 1469._____

14. La hija de Enrique IV recibió el sobre nombre de „La Beltraneja" porque se creía que era hija de la reina y de don Beltrán de la Cueva._____

15. Isabel se erigió reina a la edad de 21 años. _____

16. La batalla sobre el reino de Castilla entre Isabel y Alfonso V de Portugal duró 5 años. _____

17. Isabel nunca quiso aprender latín._____

18. Isabel fue muy liberal y permitió que musulmanes, judíos y cristianos practicaran su religión libremente._____

19. En 1493 Isabel y Fernando expulsaron a los moros de la península. _____

20. La máxima autoridad de la Inquisición española fue Tomás de Torquemada.

_____

21. Muchos judíos se tragaban el dinero porque pensaban que les traía buena suerte. _____

22. A Isabel le gustaba la idea de que el reino de Portugal subvencionara el primer viaje de Colón. _____

23. La heredera de Isabel la Católica fue Juana la Beltraneja.

_____

2. Escriba los acontecimientos más importantes en la vida de Isabel la Católica en las siguientes fechas.

22 de abril de 1451

_____

19 de octubre de 1469

_____

12 de diciembre de 1474

_____

1478

_____

4 de enero de 1492

_____

26 de noviembre de 1504

_____

3. Escriba 4 cosas que la historia de España le debe a Isabel la Católica.

_____
_____
_____
_____
_____
_____
_____
_____

4. Si Isabel la Católica viviera y reinara hoy, ¿qué es lo que el resto del mundo le reprocharía?

_____
_____
_____
_____
_____
_____
_____
_____

5. ¿Con qué personas estuvo a punto de casarse Isabel antes de contraer nupcias con Fernando? ¿Por qué fracasaron esos intentos?

_____
_____
_____
_____
_____
_____
_____
_____

6. ¿Qué parientes cercanos perdió Isabel durante su vida?

_____
_____
_____
_____
_____
_____
_____

7. ¿Quién era Juana la Beltraneja y por qué tenía e se apodo?

_____
_____
_____
_____
_____
_____
_____

8. ¿Quién era Juana la Loca?

_____
_____
_____
_____
_____
_____
_____

9. ¿Por qué cree usted que Isabel fue una precursora del feminismo en nuestra historia?

_____

_____

_____

_____

_____

_____

_____

_____

GRAMÁTICA

LAS COMPARACIONES.

En español existen 4 clases de comparaciones:

- Comparaciones de adjetivos.
- Comparaciones de adverbios.
- Comparaciones de nombres.
- Comparaciones de verbos.

Si bien examinaremos con más detalle cada una de ellas, sí que conviene recordar que todas ellas pueden ser:

A. Comparaciones de igualdad: si ambos elementos en la comparación son iguales. Por ejemplo:
   o Juan es tan alto como Elena.

B. Comparaciones de inigualdad (o desigualdad): Si un elemento de la oración es más o menos que el otro. Por ejemplo:
   o Juan es más alto que Jorge.
   o Juan es menos alto que Jorge.

1. **COMPARACIONES DE ADJETIVOS.**

   Ya en el capítulo anterior estudiamos lo que es un adjetivo, por lo tanto no ha de ser difícil para el estudiante determinar cuando tenemos una co mparación de adjetivos delante. Fíjese en los siguientes ejemplos.

   - Cristina es más <u>guapa</u> que Eva.
   - Mi casa es más <u>vieja</u> que la tuya.
   - Yo soy <u>mayor</u> que tú.

   En cada ejemplo es un adjetivo el que se compara.
   Para comparar adjetivos se utilizan las siguientes fórmulas:
   Comparaciones de desigualdad.

   Comparación de superioridad:
   Más + adjetivo + que Ej.: Ella es más alta que yo.

   Comparación de inferioridad:
   Menos+ adjetivo+ que Ej.: Ella es menos alta que yo.

   Comparaciones de igualdad.
   Tan + adjetivo + como Ej.: Tú eres tan amable como yo.

   En español existen también las siguientes comparaciones irregulares:

Mayor/menor.

Ejemplo: María es mayor que yo.

Está mal sin embargo decir: María es más mayor que yo.

Peor/mejor

Ejemplo: Jorge es peor que yo.

Está mal sin embargo decir: "Jorge es más peor que yo"

2. **Comparaciones de adverbios.**

   Como vimos en el capítulo anterior, un adverbio describe un verbo o un adjetivo. Fíjese en los siguientes ejemplos de comparaciones de adverbios.

   - Juan escribe mejor que yo.
   - Yo hablo más rápido que tus hermanos.
   - Mis primos saltan tan alto como ellos.

   Las palabras **mejor, rápido** y **alto** no describen a las personas, sino a los verbos. Para comparar adverbios se utilizan las siguientes fórmulas:

   Comparaciones de desigualdad.

   Comparación de superioridad:

   Más + adverbio + que   Ej.: Yo hablo más **alto** que ella.

   Comparación de inferioridad:

   Menos + adverbio + que   Ej.: Yo hablo menos **alto** que ella.

Comparaciones de igualdad.

> **Tan + adverbio + como** Ej.: Yo hablo tan **alto** como ella.

Los adverbios poseen las siguientes comparaciones irregulares:
Mejor/peor. Por ejemplo:
- o   Ella canta mejor que Marisol.
- o   Ella canta peor que Marisol.

3. **COMPARACIONES DE NOMBRES.**

Como ya vimos, un nombre es una palabra con la que se designa una persona, un lugar o un objeto físico, psíquico o ideal. Veamos los siguientes ejemplos de comparaciones de nombres.

- Yo tengo más <u>dinero</u> que tú.
- Juan tiene tantas <u>hermanas</u> como yo.
- Los chicos traen tantos <u>libros</u> como Elena.

En las frases anteriores se observa que en cada caso es un nombre lo que se compara. Para comparar nombres se usan las siguientes fórmulas:

Comparaciones de desigualdad.
Comparaciones de superioridad:

> **Más + nombre + que** Ej.: Yo tengo más ropa que tú.

Comparaciones de inferioridad:

> **Menos + nombre + que** Ej.: Juan tiene menos dinero que yo.

Cabe notar que cuando se comparan números, la fórmula cambia. En vez de utilizar la palabra **que**, se utiliza la palabra **de**. Por ejemplo:

- o Yo tengo menos de $10.
- o Ellos tienen más de 3 casas.

- Comparaciones de igualdad.
                    Tanto/a/os/as...

- Ej:
    - o Yo tengo tantos perros como ella.
    - o Eva tiene tantas casas como Julio.

4. **COMPARACIONES DE VERBOS.**

   Un verbo es una palabra que expresa acción. Fíjese en las siguientes comparaciones de verbos.
    - o Yo <u>trabajo</u> más que tú.
    - o Nosotros <u>saltamos</u> menos que ellos.
    - o Juan <u>estudia</u> tanto como su hermana.

Para comparar verbos se utilizan las siguientes fórmulas:

Comparaciones de desigualdad.
Comparación de superioridad:
            Verbo + más + que   Ej.: Juan cocina más que yo.

Comparación de inferioridad:
            Verbo + menos + que Ej.: Pedro habla menos que ella.

Comparaciones de igualdad.
                Tanto como... Ej.: Yo hablo tanto como tú.

Generalmente los estudiantes hispanohablantes saben cómo formar frases de comparación.

Sin embargo, su falta de conocimientos gramaticales les impide saber qué es lo que se está comparando.

EJERCICIOS.

1. Explique qué clase de comparación es cada una de las siguientes frases.
   Ejemplo: María es más guapa que tu hermana.
   Es una comparación de adjetivos de desigualdad de superioridad.

   A. Yo tengo más de cien perros._____

   B. Roberto canta mejor que su hermano. _____

   C. Yo escribo tan rápido como mi profesora. _____

   D. Yo escribo tanto como mi vecina. _____

   E. Ellos tienen tantos primos como yo. _____

   F. Ricardo camina tanto como su perro. _____

   G. Cristina tiene tantos caballos como su compañera. _____

   H. Julia Roberts tiene tantos premios como yo. _____

   I. Pedro estudia menos que su amigo. _____

   J. Juan conduce tan mal como ella. _____

   K. Fernando trabaja menos que nadie. _____

   L. Marina come más que Pedro. _____

   M. Yolanda es más mentirosa que sus hermanas. _____

N. Mariano duerme tan profundamente como yo. _____

2. Forme comparaciones de igualdad y desigualdad con las siguientes palabras y después analice qué clase de comparación es cada frase.

A. México/USA

_____

_____

_____

_____

B. Martha Stewart/Madre Teresa

_____

_____

_____

_____

C. La clase de español/la clase de historia

_____

_____

_____

_____

D. El japonés/el italiano

_____

_____

_____

_____

E. El azul/el rojo

_____

_____

_____

_____

F. Mi prima/ escribir/ yo

_____

_____

_____

_____

G. Leonor/comer/rápido/ella

_____

_____

_____

_____

H. Fausto/$25

_____

_____

_____

_____

I. Jennifer López/ Elena

_____

_____

_____

_____

J. Francia/ España

_____

_____

_____

_____

K. Jorge/elegante/José

_____

_____

_____

_____

L. Mi plato/vacío/tu plato

_____

_____

_____

_____

M. Su casa/habitaciones/mi casa

_____

_____

_____

_____

3. Rellene los espacios en blanco en las siguientes oraciones con la palabra que más sentido tenga. Después analice cada comparación.

A. Mis primas escriben _____ bien como mis hermanas.

_____

_____

B. Pedro corre _____ que sus amigos de Chicago.

_____

_____

C. Dionisio tiene _____ de $50.

_____

_____

D. Leonor y yo cantamos _____ que Barbara Strais and.

_____

_____

E. Fabio es tan _____ como Robert Redford.

_____

_____

F. Emilia escribe mejor _____ su profesor.

_____

_____

G. Lola habla de su Harley Davidson _____ que su e sposo.

_____

_____

H. Celia da masajes _____ que esa muchacha.

_____

_____

I.   Mi cuarto está _____limpio como el tuyo.

_____

_____

LOS SUPERLATIVOS.

El superlativo indica el grado máximo o mínimo de una cualidad o cantidad. Por ejemplo, la frase "Juan es más guapo que Eva" es una comparación. Sin embargo, la frase "Juan es el más guapo del barrio" es un superlativo, pues indica el grado máximo del adjetivo guapo. En la frase "Ernesto es el peor estudiante de la clase" también se observa el superlativo, pues no estamos comparando, sino que estamos expresando el grado máximo - o en este caso mínimo- de la calidad de Ernesto como estudiante.

Un superlativo absoluto se forma a partir de un adjetivo añadiendo la terminación -**ísimo**.

Por ejemplo, el superlativo absoluto de la palabra "bueno" sería "buenísimo".

A la hora de formar un adjetivo absoluto, conviene tener en cuenta las siguientes consideraciones.

1.   Si el adjetivo termina en consonante, simplemente se añade la terminación -ísimo.
     Por ejemplo:
     fácil_____facilísimo

2.   Si el adjetivo termina en vocal, se elimina la última vocal y se añade -ísimo.
     Por ejemplo:
     Guapo_____guapísimo

3.   Si el adjetivo termina en -ble cambia a -bilísimo.
     Por ejemplo:
     Amable_____amabilísimo

4.   Si el adjetivo termina en n, entonces se añade la terminación -císimo.

Por ejemplo:
Dormilón_____dormiloncísimo.

5. Siempre conviene tener en cuenta que de cuando en cuando es necesario realizar cambios ortográficos por razones de fonética. Por ejemplo:
Feliz_____felicísimo (y no felizísimo)
Rico_____riquísimo (y no ricísimo)
Vago_____vaguísimo (y no vagísimo)

EJERCICIOS.

1. Conteste a las siguientes preguntas utilizando un adjetivo superlativo absoluto.
   A. ¿Cómo es Jerry Sainfeld?

   _____
   _____

   B. ¿Cómo es Antonio Banderas?

   _____
   _____

   C. ¿Cómo es tu profesor/a de español?

   _____
   _____

   D. ¿Cómo está tu comida?

   _____
   _____

   E. ¿Qué tal es la película "Como Agua Para Chocolate"?

   _____
   _____

   F. ¿Cómo es tu coche nuevo?

   _____
   _____

   G. ¿Cómo son las monjas del convento?

   _____
   _____

   H. ¿Cómo es la situación política de USA?

   _____
   _____

2. Reescriba las siguientes comparaciones para formar superlativos. Por ejemplo:

En mi casa Eva es más guapa que Ana.
Eva es la chica más guapa de la casa.

A. En mi clase, Pedro es menos inteligente que sus amigos.

_____

B. En el mundo, Argentina es más interesante que Italia.

_____

C. En su casa, Juan es más bondadoso que Pedro.

_____

D. En Hollywood, Antonio Banderas es más popular que Tony Dena.

_____

E. En mi armario, mis pantalones negros son más elegantes que los rojos.

_____

F. En la biblioteca, las biografías son más interesantes que los diccionarios.

_____

3. Escriba el superlativo absoluto de los siguientes adjetivos.

Bueno_____   Imbécil_____
Elegante_____   Cómico_____
Sutil_____   Grandullón_____
Lento_____   Feliz_____
Amarillo_____   Raro_____

4. Indique cuáles de las siguientes frases son comparativas y cuáles son superlativas. Después analice las comparativas.

A. Fernando es más vago que sus hermanos.

_____

B. Elena es la chica más guapa del país.

_____

C. Enrique es elegantísimo.

_____

D. Yo como mucho más que tú.

_____

E. Ella corre mucho más rápido que sus amigos.

_____

F. Delia es celosísima.

_____

ORTOGRAFÍA

EL USO DE LA H.

Como ya vimos, la letra "h" -al contrario que en inglés- no se pronuncia. Fíjese en los siguientes ejemplos.

En español	En inglés
Hotel	Hotel
Héroe	Hero
Alcohol	Alcohol

El hecho de que la letra h sea muda, dificulta con frecuencia su uso correcto a la hora de escribir, especialmente para los hispanohablantes. De ahí la importancia del aprendizaje de las reglas de su uso.

1. Se escriben con h todas las palabras que comienzan con los diptongos, ia, ie, io, ue, ui. Por ejemplo: hiedra, hueco, hielo, huir, etc.
    Conviene recordar, no obstante, que hay derivados de algunas de estas palabras que pierden la h. Por ejemplo:

huevo	óvalo, ovario, etc.
hueco	oquedad, etc.
huérfano	orfandad, orfanato, etc.

2. Se escriben con h todas las formas de los verbos haber y hacer. Por ejemplo:

Hacer	Haber
hago	he
harás	habrás
hice	hube
haga	había
hará	hubieras
hizo	hemos
haré	ha

3. Se escriben con h las palabras que comienzan con el prefijo hexta- (que significa 6) y hepta- (que significa 7). Por ejemplo: heptasílabo, hexágono, etc.

4. Se escriben con h los siguientes prefijos y sus derivados: **hecto** (que significa 100), **helio** (que significa sol), **hemi** (que significa medio o mitad), **hema o hemo** (que significa sangre), **homo** (que significa igual), **hiper** (que significa exceso o superioridad), **higro** (que significa humedad), **hidr, hidra, hidro** (que significa agua). Por ejemplo: helicóptero, hemisferio, hemorroide, hidrógeno, higrométrido, homófono, hipermercado, heliografía, hipérbola, hemoglobina, hipertensión, hemistiquio, etc.

5. Existen en español dos prefijos con h inicial que se escriben igual, pero que tienen diferente acentuación y que poseen significados diferentes: **hipó-** (que significa caballo) e **hipo** (que significa debajo o inferioridad). Por ejemplo:

- **Hipó-:** hipódromo
- **Hipo-:** hipocresía

6. Se escriben con h las siguientes interjecciones: ¡hola!, ¡huy!, ¡ah!, ¡hala!, ¡eh!, ¡oh!

7. Usted tendrá que aprender de memoria las otras palabras que en español puedan escribirse con h. Aquí le damos una lista de las palabras más usadas que tienen la letra h.

hola	hombre	humo	humano	hospital
hábitar	hilo	hebreo	hielo	hambre
hija	herencia	hechizar	héroe	hábito
hundir	hoyo	heráldica	historia	hembra
hora	hígado	higo	humor	hoguera

8. Se escriben con h las palabras que comienzan con **herm-, hern-, holg-, hog-, hist-, hum-, horm-.** Por ejemplo: horno, historia, humo, hormiga, hogar, hermano, holgado, etc.

EJERCICIO.

A. Busque en el diccionario y escriba el significado de las palabras que se usan como ejemplos para las reglas 3, 4 y 5.

B. Examine el siguiente párrafo y corrija los problemas ortográficos relacionados con la letra h.

Mi ermano Juan y yo fuimos al ospital para visitar al ombre que trabajaba para nosotros y que se irió en nuestra uerta. Creo que estaba ya mucho mejor. A la ora de cenar, me dijo ola y me pidió agua con ielo. Me dijo también que quería comprarse una ectárea de terreno para comenzar sus propio uerto. Ya era viejo y su ombro le molestaba, pero no era ipocondríaco, y sus ganas de vivir eran inmensas. Yo e visto a muchos trabajadores en mi vida, pero éste a echo más que ningún otro. Cuando él vaya a su casa, le mandaré unas flores de agradecimiento. ¡A! Qué agradecidos le estamos todos.

C. De la siguiente lista, corrija las palabras que están mal escritas:

| Emisferio | horno | istórico | alcol | ola | octavo |
| Elado | Heva | orfandad | acer | emiciclo | ojo |

D. En las siguientes frases, corrija cualquier error relacionado con la letra h.
   1. Juan a escrito a su novia.
   2. Elena fue a Madrid y a dicho que es precioso.

3. ¡a! ya sé quien es tu ermano.
4. Yo he vivido en Boston mucho tiempo.
5. A las cuatro nos vamos al cine.
6. Jorge no a dicho la verdad.
7. Mi amiga Eva a estudiado inglés y ahora va a descansar.
8. Ella va ha cantar en español.
9. yo e estudiado chino.
10. Yo no he dicho la verdad.

MAS ALLÁ

JUANA I "LA LOCA" (1479-1555)

Juana La Loca nació en Toledo el día 6 de noviembre de 1479. Siendo la segunda hija de los Reyes Católicos, la entonces princesa, no estaba destinada a reinar Castilla. Su sexo, en un principio, y las circunstancias de su salud después, así lo quisieron.

Sus padres Isabel y Fernando arreglaron estratégicamente su boda, y así, en 1496, se casó en Lille con Felipe "El Hermoso", heredero de la corona de Austria.

Tras la muerte de sus hermanos, primero de Juan e Isabel, y de su sobrino Miguel de Portugal después, Juana pasó a ser la heredera del reino, cosa que Isabel había estipulado en su testamento al morir, siempre y cuando su capacidad mental se lo permitiera.

Juana tuvo siempre tendencias melancólicas (era así como se llamaba entonces a los episodios de depresión) y los constantes devaneos de su esposo hizo que los celos la llevaran al borde de la locura.

Al fallecer Felipe, Juana no se quería cambiar de ropa y su aspecto físico delató sin duda su perturbado estado mental. Desfiló la viuda con el féretro de su marido por todo el reino de Castilla con un miedo obsesivo a que le robaran el cadáver de su amado.

La locura, a veces profunda, y otras no tan marcada, hizo que su padre la recluyera en el monasterio de Tordesillas hasta que ésta falleció a los 76 años, el 12 de octubre de 1555. Si bien durante este periodo fue su padre Fernando el que reinó primero y su hijo Carlos I después, el hecho es que Juana fue siempre la reina titular de Castilla, y era su nombre el que aparecía siempre primero en emblemas y documentos de entonces.

BIBLIOGRAFÍA

Fernández Álvarez, Manuel: Juana La Loca la cautiva de Tordesillas. Espasa Calpe, Madrid, 2001.

PARA ESCRIBIR.

Busque en la biblioteca o en el internet más detalles sobre la vida de Juana primero, averigüe cuántos hijos tuvo y qué tipo de relación tuvo con ellos, como se desarrolló la vida amorosa entre ella y Felipe el Hermoso y como transcurrieron sus últimos años en Tordesillas. Escoja después uno de los 3 aspectos anteriores de su vida y escriba una página con esta información sin olvidarse siempre de incluir sus fuentes de información.

REFRÁN.

Lea el siguiente refrán:

"CONSEJOS VENDO Y PARA MÍ NO TENGO."

Discuta el dicho anterior con sus compañeros y escriba a continuación una explicación formal detallada.

_____
_____
_____
_____
_____
_____
_____
_____
_____
_____
_____
_____
_____
_____
_____

_____
_____
_____
_____
_____
_____

VOCABULARIO ADICIONAL.

Busque, en este capítulo, 3 palabras cuyo significado desconoce, escríbalas aquí y componga después una frase para cada término.

1.

_____
_____
_____
_____
_____
_____
_____

2.

_____
_____
_____
_____
_____
_____

3.

_____
_____
_____
_____
_____
_____

EJERCICIOS DE REPASO.

1. Explique qué clase de comparación es cada una de las siguientes frases.
   Por ejemplo:
   - Juan canta más que yo.
   - Es una comparación de verbos de desigualdad.

A. Gerardo es tan guapo como su hermano.

_____

_____

B. Yo escribo mejor que tú.

_____

_____

C. Ella tiene más hermanas que su amiga.

_____

_____

D. Paco es menor que su primo.

_____

_____

E. Adela nada más que su esposo.

_____

_____

F. Adela nada mejor que su esposo.

_____

_____

G. Yo tengo más de cinco dólares.

_____

_____

H. Ella tiene tantos perros como Fernando.

_____

_____

I. Nuestra universidad es mejor que la de mis amigos.

_____

_____

J.   Francisco es tan listo como su padre.

_____

_____

2.   En el siguiente párrafo, corrija las faltas ortográficas relacionadas con el uso de la "h" en español.

Mi ermana Heva es una ipocondríaca. Ella siempre a pensado que va a morir antes de recibir ella la erencia de su madre. Ella siempre está de mal humor y cuando se a sentido mal, nunca a querido que la lleve al ospital.

RESPUESTAS A LOS EJERCICIOS DE REPASO

CAPITULO 1

1. Silabifique las siguientes palabras:
    Detonador de-to-na-dor   Actual ac-tu-al
    Blanquecino blan-que-ci-no   Obstáculo obs-tá-cu-lo
    Extremo ex-tre-mo   Tablero ta-ble-ro
    Huelva Huel-va   Creyente cre-yen-te

2. Silabifique las siguientes palabras y después subraye los diptongos donde los haya.
    Guapo gua-po   Escueto es-cue-to
    Aéreo a-é-re-o   Acentuación a-cen-tua-ción
    Cuaderno cua-der-no   Duende duen-de
    Aguacero a-gua-ce-ro   Vuestros vues-tros
    Voy voy   Pesado pe-sa-do

3. Silabifique las siguientes palabras. Después subraye los diptongos donde los haya y ponga acento escrito en cada palabra según sea necesario.
    Caballero ca-ba-lle-ro
    Tambien tam-bién
    Lingüistico Lin-güís-ti-co
    Cuentaselo cuén-ta-se-lo
    Pagina pá-gi-na
    Encuadernacion en-cua-der-na-ción
    Magico má-gi-co
    Guantanamo Guan-tá-na-mo

4. Silabifique las siguientes palabras, subraye el diptongo donde lo haya es escriba el acento escrito o tilde en las palabras que lo necesiten. A continuación explique por qué ha escrito u omitido la tilde en cada caso.
    Mecanico me-cá-ni-co. Las palabras que terminan en n, s o vocal tienen el acento fonético en la penúltima sílaba. Aquí ponemos el acento para notar que se ha roto la regla.
    Humedo hú-me-do. Las palabras que terminan en n, s o vocal tienen el acento fonético en la penúltima sílaba. Aquí ponemos el acento para notar que se ha roto la regla.
    Airear aí-re-ar. Las palabras que no terminan ni en n ni en s n i en vocal tienen el acento fonético en la última sílaba. Aquí ponemos el acento para notar que se ha roto la regla.
    Oigamos oi-ga-mos. Las palabras que terminan en n, s o vocal tienen el acento fonético en la penúltima sílaba. Aquí ponemos el acento para notar que se ha roto la regla.
    Gonzalez Gon-zá-lez. Las palabras que no terminan ni en n ni en s ni en vocal tienen el acento fonético en la última sílaba. Aquí ponemos el acento para notar que se ha roto la regla.
    Funcion fun-ción. Las palabras que terminan en n, s o vocal tienen el acento fonético en la penúltima sílaba. Aquí ponemos el acento para notar que se ha roto la regla.

Aclaracion a-cla-ra-ción. Las palabras que terminan en n, s o vocal tienen el acento fonético en la penúltima sílaba. Aquí ponemos el acento para notar que se ha roto la regla. Buenisimo bue-ní-si-mo. Las palabras que terminan en n, s o vocal tienen el acento fonético en la penúltima sílaba. Aquí ponemos el acento para notar que se ha roto la regla.

Admiracion ad-mi-ra-ción. Las palabras que terminan en n, s o vocal tienen el acento fonético en la penúltima sílaba. Aquí ponemos el acento para notar que se ha roto la regla. Envidioso en-vi-dio-so. Las palabras que terminan en n, s o vocal tienen el acento fonético en la penúltima sílaba. Aquí no ponemos acento escrito porque no se ha roto la regla.

5. Complete las siguientes frases con la palabra correcta según las reglas de acentuación que ha aprendido en este capítulo.

> A. Las palabras que terminan en n, s o vocal tienen el acento natural o fonético en la penúltima sílaba.
> B. Las palabras que no terminan ni en n ni en s ni en vocal tienen el acento fonético o natural en la última sílaba.
> C. Es necesario poner acento escrito o tilde cuando las dos reglas anteriores se rompen —o no se cumplen-

6. ¿Qué es un diptongo? ¿Qué es un triptongo?
Un diptongo es la combinación de dos vocales débiles o de una vocal débil con una fuerte en la misma sílaba.
Un triptongo es la combinación de tres vocales débiles o de dos vocales débiles con una fuerte en una misma sílaba.

7. Dé dos ejemplos de palabras que contengan diptongos y otros dos de palabras que contengan triptongos.
Diptongos: bueno, hielo, guapo. Triptongos: Paraguay, buey, apreciéis.

8. Escriba acento escrito en las palabras que lo necesiten.
   A. Ramón se cayó del camión.
   B. No sé si Juan va a decir que sí o que no.
   C. Quiero comer más pan, mas no tengo hambre.
   D. Este regalo no es para ti, es para mí de parte de tus amigos.
   E. El perrito que me trajo él era precioso.
   F. No sé de donde es el té, pero te puedo dar más café.
   G. Tú sabes muy bien que mi casa es tu casa.

9. Escriba acento escrito en las palabras que lo necesiten.
   A. Sólo tengo tres hermanos en mi ciudad.
   B. Cuando Gerardo está solo, sólo quiere comer hamburguesas.
   C. Sólo te lo voy a decir una vez.
   D. Sólo te doy el té si me dices la verdad.

10. Ponga acento escrito en las palabras que lo necesiten.
   A. Estos guías son muy buenos, pero aquéllos son malísimos.
   B. Estos libros que compré son excelentes, pero ésos que me diste no me gustan.
   C. Esta misión en Santa Bárbara es preciosa, pero aquella en Nuevo México es fea.

11. Subraye los diptongos y los hiatos en las siguientes palabras. Márquelos con una **d** o una **h**.

1. ab<u>ue</u>la.d   2. t<u>ía</u>.h   3. <u>ae</u>rop<u>ue</u>rto.h,d   4. b<u>ue</u>n.d

5. r<u>ea</u>parecer.h   6. c<u>ua</u>tro.d   7. <u>oe</u>ste.h   8. hér<u>oe</u>.h

9. b<u>ui</u>tre.d   10. m<u>ie</u>do.d   11. ir<u>ía</u>.d   12. h<u>ia</u>to.d

12. Rellene los espacios en blanco con la palabra correspondiente.

En español las palabras que tienen una sola letra se llaman monolíteras. pero las que tienen una sola sílaba se llaman monosílabas.

Las palabras que tienen dos sílabas se llaman bisílabas y las que tienen tres sílabas son trisílabas.

Las palabras o frases que se escriben igual de izquierda a derecha que de derecha a izquierda se llaman polídromas.

Los diptongos son la combinación de dos vocales débiles o de una vocal débil con una fuerte.

Un hiato es la combinación de dos vocales fuertes juntas en una palabra.

CAPÍTULO 2

1. Rellene los espacios en blando con la letra mayúscula o minúscula que corresponda.

A. Gerald Ford fue un gran presidente en Estados Unidos.

B. Mis amigos dicen que Juan es argentino.

C. Ana estudia español pero no le gusta el francés.

D. Fernando nació el 3 de abril de 1980.

E. La paz es imprescindible en el mundo.

2. Indique el género de cada palabra poniendo una F delante de las palabras femeninas y una M delante de las palabras masculinas.

1. Ambigüedad F   2. Hermandad F   3. Seducción F

4. Tema M   5. Actriz F   6. Mano F

7. Perro M   8. Lápiz M   9. Mujer F

3. Escriba el plural de las siguientes palabras.

A. El cáliz los cálices

B. Un toro unos toros

C. El iraní los iraníes

D. Un tapiz unos tapices

E. La chica las chicas

F. El reloj los relojes

4. En el siguiente párrafo corrija las faltas de ortografía relacionadas con el uso correcto de las mayúsculas en español.

Cuando Fernando fue a Gualadajara, encontró al Rey de España sentado en las escaleras del palacio de la ciudad. Su primo Juan le había advertido que es bastante común encontrar al Rey en lugares donde uno nunca esperaría encontrar a un miembro de la nobleza. De hecho, durante la Edad Media estas cosas no ocurrían. Cuando pasó aquello era Noche Buena y Fernando lo vio como un regalo perfecto de Navidad.

CAPÍTULO 3

1. Substituya las palabras en paréntesis por la que corresponda en español para cada frase.
   A. Esta mujer es muy alta.
   B. Esas –o aquellas- manos son perfectas para los guantes.
   C. Este dilema is very interesting.
   D. Ese –o aquel- día fuimos todos a la playa.
2. En español existen 5 clases de adjetivos. ¿Cuáles son? Adjetivos demostrativos, adjetivos posesivos, adjetivos descriptivos, adjetios cuantitativos y adjetivos indefinidos.
3. Escriba las siguientes frases en español. Después subraye el adjetivo e indique de qué tipo de adjetivo se trata.
   A. These days we go to the beach often.
      <u>Estos</u> días vamos a la playa con frecuencia. Adjetivo demostrativo.
   B. Her books are in the house.
      <u>Sus</u> libros están en la casa. Adjetivo posesivo.
   C. Eva is a very funny girl! ¡Eva es una chica muy <u>cómica</u>! Adjetivo descriptivo.
   D. Our class is at 12:00. <u>Nuestra</u> clase es a las 12. Adjetivo posesivo.
4. Escriba las siguientes frases en español. Después subraye el adverbio en cada una de ellas e indique de qué clase de adverbio se trata.
   A. Juan and Pedro are under the tree. Juan y Pedro están <u>debajo</u> del árbol. Adverbio de lugar.
   B. We will go to the movies tomorrow. Nosotros iremos al cine <u>mañana</u>. Adverbio de tiempo.
   C. I never study at night. Yo nunca studio <u>por la noche</u>. Adverbio de tiempo.
   D. Gary speaks German very well. Gary habla alemán muy <u>bien</u>. Adverbio de modo.
   E. My new friend is very tall. Mi amigo Nuevo es muy alto. No tiene adverbio.
   F. Your book is inside the box. Tu libro está <u>dentro</u> de la caja. Adverbio de lugar.
5. En las siguientes frases indique cuáles son los adjetivos y qué clase de adjetivos son.
   A. En <u>esta</u> clase hay chicos muy <u>simpáticos</u>. Adjetivo demostrativo y adjetivo descriptivo.
   B. <u>Nuestra</u> madre es muy <u>bondadosa</u>. Adjetivo posesivo y adjetivo descriptivo.
   C. <u>Estos</u> libros no me gustan, son muy <u>aburridos</u>. Adjetivo demostrativo y adjetivo descriptivo.
   D. No me gusta ni <u>tu</u> falda larga ni <u>su</u> jersey <u>grueso</u>. Adjetivo posesivo, adjetivo posesivo y adjetivo descriptivo.
   E. <u>Nuestro</u> hijo es <u>guapísimo</u>. Adjetivo posesivo y adjetivo descriptivo.
   F. <u>Aquella</u> profesora de español es <u>excelente</u>. Adjetivo demostrativo y adjetivo descriptivo.
6. Rellene los espacios en blanco con la palabra adecuada.
   Los adjetivos modifican o describen un nombre o sustantivo. Los adverbios describen un verbo, un adjetivo o un adverbio.
7. Enumere los siete tipos de adverbios en español. : Adverbios de lugar, tiempo, modo, cantidad, afirmación, duda y negación.

8. Indique cuál es el adverbio en cada frase y qué clase de adverbio es.
   A. Juan escribe muy <u>bien</u>. Adverbio de modo.
   B. Nuestra hermana está <u>delante</u> de ti. Adverbio de lugar.
   C. Yo te quiero <u>mucho</u>. Adverbio de cantidad.
   D. <u>Ayer</u> fuimos a ver una película excelente. Adverbio de tiempo.
   E. <u>Tal vez</u> encuentres un buen libro en la biblioteca. Adverbio de duda.
   F. Juan quiere ver <u>también</u> a tus amigos. Adverbio de afirmación.
   G. Elena <u>tampoco</u> quiere viajar con ese chico. Adverbio de negación.

CAPÍTULO 4

1. Explique qué clase de comparación es cada una de las siguientes frases.
   A. Gerardo es tan guapo como su hermano. Comparación de adjetivos de igualdad.
   B. Yo escribo mejor que tú. Comparación de adverbios de desigualdad de superioridad.
   C. Ella tiene más hermanas que su amiga. Comparación de nombres de desigualdad de superioridad.
   D. Paco es menor que su primo. Comparación de adjetivos de desigualdad de inferioridad.
   E. Adela nada más que su esposo. Comparación de verbos de desigualdad de superioridad.
   F. Adela nada mejor que su esposo. Comparación de adverbios de desigualdad de superioridad.
   G. Yo tengo más de cinco dólares. Comparación de nombres de desigualdad de superioridad.
   H. Ella tiene tantos perros como Fernando. Comparación de nombres de igualdad.
   I. Nuestra universidad es mejor que la de mis amigos. Comparación de adjetivos de desigualdad de superioridad.
   J. Francisco es tan listo como su padre. Comparación de adjetivos de igualdad.
2. En el siguiente párrafo, corrija las faltas ortográficas relacionadas con el uso de la "h" en español.
   Mi hermana H̶eva es una hipocondríaca. Ella siempre ha pensado que va a morir antes de recibir ella la herencia de su madre. Ella siempre está de mal humor y cuando se ha sentido mal, nunca ha querido que la lleve al hospital.

Made in the USA
Las Vegas, NV
26 August 2024